DE LA PEINTURE

ET

DE SON INFLUENCE.

Cet ouvrage se trouve chez

MARSIL, libraire, à Lyon.

DE LA PEINTURE

CONSIDÉRÉE DANS SES EFFETS

SUR LES HOMMES DE TOUTES LES CLASSES,

ET

DE SON INFLUENCE

SUR

LES MOEURS ET LE GOUVERNEMENT DES PEUPLES,

PAR GEORGE-MARIE RAYMOND,

Ex-Professeur de Géographie et d'Histoire à l'Ecole centrale du département du Mont-Blanc, actuellement professeur de mathématiques, membre associé de l'Académie de Nismes, et correspondant de l'Athénée de Lyon.

Disce bonas artes, moneo, Romana juventus.
OVID.

SECONDE EDITION.

PARIS,

CHARLES POUGENS, QUAI VOLTAIRE, N.° 10.

AN XII. — 1804.

On trouve, à la même adresse, et chez Fuchs, libraire, rue des Mathurins, hôtel Cluny, l'ouvrage suivant du même auteur :

Essai sur l'Emulation dans l'ordre social et sur son application à l'éducation ; ouvrage mentionné honorablement par l'Institut national de France.

Un vol. 8.° Prix, 3 fr.

PRÉFACE.

L'OUVRAGE que je publie a été envoyé au concours ouvert par l'Institut national sur cette question : « Quelle a » été et quelle peut être encore l'in- » fluence de la Peinture sur les mœurs » et le gouvernement des peuples » ? Le titre sous lequel il a été adressé était celui-ci : *De l'influence de la Peinture sur les mœurs et le gouvernement des peuples*; ce titre était peut-être au fond le même que celui sous lequel je le présente aujourd'hui ; mais, comme en publiant mon ouvrage, c'est le destiner à d'autres lecteurs que ceux sous les yeux desquels il a d'abord passé, j'ai cru devoir développer ce titre, afin qu'il servît à faire saisir tout de suite le point de vue sous lequel j'ai traité la question.

Le concours, ouvert dans le courant

de l'an IV, a été fermé au 1.er nivôse de l'an VI, et le résultat en a été publié dans la séance de l'Institut, le 15 germinal de la même année. Mon travail est l'un des trois que la Commission de l'Institut a distingués parmi les Mémoires qui ont concouru sur la même question ; elle lui a assigné le troisième rang, et l'on trouvera cette place encore honorable, en considérant d'une part le mérite des écrits auxquels il a été comparé, et de l'autre les lumières et les talens célèbres des juges qui l'ont apprécié.

Ce n'est pas sans répugnance que je me déterminerai à répéter ici ce que la Commission a dit de bien de mon travail ; et je le passerais sans doute sous silence, si je ne devais compte des motifs qui me portent à publier cet ouvrage. Le Rapport en loue la partie principale, celle qui traite plus particulièrement de l'objet de la question ; il attribue un caractère de finesse aux observations de l'auteur, et il ajoute que son travail contient de très-bonnes vues. Si j'avais mérité un tel suffrage, j'aurais dû m'en trouver d'autant plus satisfait, que la critique m'a paru d'ailleurs un peu sévère, et qu'elle est d'une nature à bien faire sentir tout ce qu'il y a de flatteur dans la mention accordée à mon Mémoire. J'ai publié quelques observations à cet égard dans le N.° 25 (10 prairial an VI) de la *Décade philosophique, litteraire et politique*; les auteurs de cet excellent journal ont bien voulu se prêter à ma demande, en insérant la lettre que je leur adressai. Mais comme ce journal peut n'être pas lu par tous ceux entre les mains de qui mon livre peut tomber, je répéterai ici une partie de ces observations.

Je prie le lecteur de bien peser mes raisons ; je le prie sur-tout de croire que je suis bien éloigné de vouloir critiquer le Rapport de la Commission, à l'impartialité duquel je rends toute la justice qu'il mérite, et que je songe d'autant moins à me plaindre de la place qu'il m'a assignée, que je ne m'attendais point à ce succès, et que j'en ai témoigné ailleurs ma reconnaissance. Ce que j'ai à dire ne se rapporte qu'à mon Mémoire considéré en lui-même, et nullement au jugement relatif de la Commission; je ne veux qu'exposer mon plan et les raisons qui me l'ont fait adopter.

J'ai annoncé, au commencement de mon Mémoire, que je n'étais pas artiste, et je semblais vouloir proposer des réformes; je condamnais, sous certains rapports, le mouvement physique et les scènes fugitives que la Peinture tente si souvent d'exprimer; je désapprouvais l'emploi des merveilles de la fable et les allégories de fiction; je paraissais vouloir soumettre au raisonnement, des sensations que l'enthousiasme seul peut connaître. Avouons franchement qu'il est aisé de voir quelle réception pouvait être destinée à des paradoxes de cette force. Toutefois ces paradoxes paraissent moins extraordinaires, lorsqu'on les rapproche du point de vue sous lequel j'ai envisagé mon sujet.

J'avais pensé qu'il ne s'agissait pas de considérer l'Art dans ses effets sur les artistes, sur les amateurs, sur la classe seule qui sent : ces effets sont connus et assez d'auteurs en ont parlé. Je m'étais dit : « Il faut apprécier l'in-
» fluence de la Peinture sur les mœurs ;
» il faut donc observer ses effets sur le
» vulgaire, sur les hommes en géné-
» ral ; or il s'en faut de beaucoup que
» le vulgaire voye comme l'artiste,
» comme l'amateur exercé : la nature
» seule, dans sa simplicité, peut ar-
» rêter ses regards et parler à son

» esprit ou à son cœur; tout le reste n'est
» rien pour lui. Il faut donc descendre
» aux moyens de fortifier la vraisem-
» blance à ses yeux, seule base de
» l'effet que l'imitation doit produire
» sur lui ; il faut examiner les sensa-
» tions qui seront le résultat de cette
» vraisemblance, et déterminer en-
» suite l'influence de ces sensations sur
» les mœurs. L'influence quelconque
» des arts n'étant que la conséquence
» et le produit total des sensations
» diverses que leurs œuvres peuvent
» faire naître, il faut, pour apprécier
» ce résultat, examiner les élémens
» qui concourent à le produire ».

Tel a été le but de mes premières recherches. Il restait à examiner les moyens de régulariser cette influence; c'est par-là que j'ai terminé mon travail. Cette marche m'a paru la plus naturelle ; elle m'a semblé sortir elle-même du sujet. On voit par là pourquoi j'ai parlé de la peinture en général, des moyens qu'elle emploie, des objets de ses imitations, etc.

Ainsi, *vraisemblance dans les œuvres de l'Art, sensations qui en résultent, influence de ces sensations sur les mœurs, et moyens de diriger cette influence;* telle est l'analyse de mon plan. Tout m'a paru s'y tenir en effet et s'y rapporter au but de l'ouvrage; et la dernière partie, qui traite spécialement de l'influence morale et politique de la Peinture, n'étant que la conséquence naturelle et essentiellement dépendante de mes recherches précédentes, les éloges que mes juges ont donnés à cette partie, semblent refluer, en quelque sorte, sur le reste de mon travail. Au reste, ce n'est pas sans avoir bien pesé la nature de la question, que je me suis déterminé à la traiter de cette manière, et je croyois l'avoir abordée en effet sous le vrai rapport d'utilité sociale dont elle semblait commander la recherche. Quoi qu'il en soit, mon ouvrage doit être considéré maintenant indépendamment de l'objet et des bornes d'une question ; il doit être jugé en lui-même et d'après ce que son titre annonce.

Quant au tableau rapide que j'ai tracé de l'histoire et des progrès de la Peinture, il m'a paru convenir tout naturellement au commencement de l'ouvrage, soit parce que c'était la marche la plus propre à associer peu-à-peu le lecteur au sujet dont j'avais à l'entretenir, soit parce qu'il conduisait directement à la connaissance des moyens que l'Art employe pour remplir son objet, et à la recherche de ceux qui peuvent concourir à assurer la vraisemblance.

Cet exposé affaiblit déjà considérablement le tort qu'une vénération religieuse pour les divinités de la fable n'a pas manqué de relever avec zèle, en condamnant le vœu sacrilége qui semblait vouloir bannir de la Peinture le merveilleux de la Mythologie.

Je ne puis, au reste, m'empêcher de trouver une sorte de fanatisme dans cette ardeur avec laquelle des hommes de génie s'attachent à soutenir la cause des Dieux et autres êtres mythologiques, aussitôt qu'on semble vouloir limiter l'empire de ces anciens dominateurs du temple des Arts. La nature n'est-elle donc pas assez belle par elle-même? La marche rapide et majestueuse de l'esprit humain qui a abordé tant de carrières inconnues, qui a découvert tant d'horisons nouveaux, n'a-t-elle donc rien fait pour les Arts? n'a-t-elle rien fourni à l'enthousiasme? Ne pourrons-nous donc goûter du plaisir, nous émouvoir, nous échauffer, si nous n'avons sous les yeux un Jupiter, un Mercure ou un Centaure? Il me paraît que nous ne nous traînons ainsi sur une seule route, que parce que nous n'avons pas le courage d'en ouvrir de nouvelles. Mais j'aime à croire que tôt ou tard les arts sauront s'affranchir de cette routine qui les rappelle sans cesse aux mêmes objets, et que l'imagination des artistes saura s'élancer enfin sur les traces du génie, qui marche aujourd'hui de découvertes en découvertes, et atteindre le même niveau que lui. Peut-être n'ai-je pas à me blâmer d'avoir jeté quelques idées à ce sujet, fussent-elles même un peu hardies, maintenant que je vois un grand nombre d'écrivains et des poëtes du premier mérite, tenter d'associer aux arts une philosophie propre à leur imprimer un grand caractère. Cette révolution s'achèvera; elle me paraît inévitable.

Quoi qu'il en soit, j'ai cru avoir quelques raisons de suggérer que les merveilles de la fable doivent sur-tout être insignifiantes pour le vulgaire, et qu'il faudrait les bannir des peintures que l'on destine à produire sur lui quelqu'effet moral. Et remarquez qu'à l'égard des objets si respectés du culte des poëtes et des artistes, j'ai capitulé, pour ainsi dire, avec eux, en convenant que la fable peut paraître avec succès dans le genre tempéré en général, et sur-tout dans les sujets comiques.

J'ai cru, sous ce rapport, ma cause assez bonne pour pouvoir négliger quelques moyens de défense; et, à l'aide d'un seul vers pris à dessein dans Boileau même, je pensais assurer mon triomphe. Mais je me suis trompé, puisque j'ai été battu presque avec mes propres armes; je devais savoir que trop de précaution ne nuit jamais. Je pouvais invoquer les préceptes suivans:

N'offrez au spectateur jamais rien d'incroyable;
L'esprit n'est point ému de ce qu'il ne croit pas.

Le faux est toujours fade, ennuyeux, languissant;
Mais la nature est vraie et d'abord on la sent:
C'est elle seule en tout qu'on admire et qu'on aime.

J'observe que ces maximes ont une bien plus grande force chez ce poëte, que sous la plume de tout autre écrivain, parce qu'elles font voir que, malgré son ardent amour du merveilleux, il est obligé d'en revenir à la nature. Au reste, Boileau a parlé pour les poëtes, et j'ai dit quelque chose de la différence essentielle qu'il y a entre les tableaux de la Poésie et ceux de la Peinture, sur-tout lorsqu'il s'agit d'une vraisemblance destinée à en imposer au commun des hommes. Je prie le lecteur de prendre garde à cette différence; et il sera convaincu que, pour apprécier les productions des arts dans leur vrai jour, il faut bien se garder de confondre les caractères essentiels et particuliers qui les distinguent respectivement.

Il serait peut-être digne du génie philosophique de ce siècle, de ménager aux arts, en continuant à les pousser d'une part dans le chemin du grand, de leur ménager, dis-je, de l'autre, une face populaire qui les rendît accessibles à tous, et servît à étendre ainsi leur empire. Le peuple, s'accoutumant peu-à-peu à leur langage, ce premier ébranlement introduirait au sentiment des beautés d'un ordre supérieur, le goût général s'épurerait, et les artistes trouveraient enfin par-tout des hommes en état de les entendre et d'apprécier le mérite de leurs œuvres; d'ailleurs c'est alors que la politique pourrait tirer le plus grand parti des arts. C'est parce que les arts furent populaires chez les Grecs, qu'ils y acquirent, au milieu d'une nation sensible et éclairée, ce haut degré de perfection et de délicatesse que nous admirons.

Il me reste à me justifier du parti que j'ai pris et que j'ai annoncé au commencement de mon Mémoire, de traiter mon sujet avec le style simple qui convient à l'auteur qui veut s'adresser plutôt à la raison qu'à l'imagination. Cette annonce, dont mes observations précédentes affaiblissent déjà beaucoup la singularité, a pu en effet sembler étrange à la tête d'un ouvrage sur les Beaux-Arts. Oui, j'avais à parler des Beaux-Arts, et je sais que rarement on peut en parler sans enthousiasme, lorsqu'on a une ame capable de sentir. Mais il m'a paru que ce ne devait pas être ici un discours oratoire ou poétique sur le mérite de la Peinture, sur les beautés de ses chefs-d'œuvre, sur le feu dont le Dieu des Arts pénètre ses enfans; mais qu'il s'agissait de l'examen d'une question *philosophique* dont le résultat devait être rapporté à la législation des peuples. J'ai cru devoir prendre la place, non du poëte qui s'adresse à de jeunes artistes dont il veut enflammer l'imagination, mais celle du philosophe qui parle au législateur. Il doit y avoir quelque différence entre le style de l'artiste inspiré qui décrit un tableau ou qui disserte sur les beautés de la nature et de l'art, et les réflexions de l'observateur qui cherche à déterminer l'effet moral que tel art doit produire à la longue sur les hommes, ou qui indique au législateur les moyens de diriger cet effet. D'ailleurs le vulgaire, comme je l'ai remarqué, ne connaît pas l'enthousiasme que donnent les chefs-d'œuvre du génie; il ne serait pas raisonnable de parler des sensations qu'il reçoit, sur le ton de Winkelmann décrivant le Laocoon ou le Torse du Belvédère.

Ainsi, c'est parce que j'ai envisagé la question comme philosophique, que je l'ai traitée avec cette méthode dont la Commission m'a presque loué en la blâmant; et c'est aussi pour cela que j'ai annoncé, comme je le dis plus haut, au commencement de mon Mémoire que je ne parlerais qu'à la raison seule et au nom de la raison : la Commission dit que j'ai tenu parole ; c'est déjà quelque chose d'avoir parlé le langage de la raison. Aurais-je donc si mal fait ? la raison serait-elle donc toujours de trop dans la théorie des arts ? Pourquoi, par exemple, lorsque l'enthousiasme est calmé et que le sentiment fait place à la réflexion ; lorsque retiré dans le silence du cabinet, on revient sur ce que l'on a éprouvé, pourquoi ne serait-il pas permis alors de soumettre ses propres sensations à une sorte d'examen, et de rechercher, non pas les causes de ces sensations, mais les moyens de les généraliser sur un plus grand nombre de spectateurs ? Mengs n'a pas craint de mettre beaucoup de métaphysique dans ses recherches sur la beauté et le goût. Faut-il donc toujours monter sur le trépied, dès qu'il s'agit de peinture ? Ne peut-on aborder l'attelier l'attelier des artistes qu'avec le front d'un inspiré? Faut-il toujours admirer à l'aveugle et ne jamais juger? Je conviens que certains artistes pourraient y trouver leur compte; mais il faut quelque chose de plus à la gloire des grands maîtres. Les poëtes les mieux pénétrés de la religion de leur art, seraient plus raisonnables; ils souffrent les regards de la critique et cherchent eux-mêmes à s'éclairer avec elle. Que dis-je? Ils ne deviennent grands poëtes qu'à force d'écouter les préceptes de la raison, qui ne fut jamais l'ennemi du goût que pour ceux qui s'obstinent à chercher les beautés dans les plus grands écarts de l'imagination et dans l'oubli de toutes les règles.

D'ailleurs j'ai déjà dit que je parlais en faveur du vulgaire, et je ne saurais trop répéter cette observation; on verra qu'il est difficile de se méprendre sur mon but à cet égard. J'ai donc pu employer de la métaphysique dans les recherches que j'ai faites sur les moyens d'assurer la vraisemblance aux yeux du plus grand nombre, et je crois qu'en effet elle n'aura pas toujours été déplacée ; mais ce qu'il importe de remarquer, c'est que j'ai été bien éloigné de vouloir l'introduire en général dans la manière d'envisager les productions de l'Art, puisque j'ai dit : « C'est au » sentiment, leur seul juge suprême, » que devraient s'adresser les produc- » tions des Arts ; mais les artistes ne » parlent souvent qu'à l'esprit, parce » que le froid raisonnement, en usur- » pant les droits du sentiment, s'est » arrogé seul celui d'apprécier leurs » œuvres ». (2.de partie, page 172).

Quant aux incorrections qui s'étaient glissées dans mon Mémoire, elles étaient nombreuses et j'en ai été frappé lorsque je l'ai relu. J'eus à peine le tems de le revoir avant de l'envoyer.

Lorsque j'y mis la main, je venais d'être appelé à la chaire honorable que j'occupe en ce moment, et j'avais peu de matériaux préparés pour commencer ma carrière. J'ai donc jeté ces idées sur la Peinture au travers des travaux pénibles des premiers instans de mes fonctions : elles ont dû se ressentir du peu de loisir que j'avois alors. La Commission ne pouvait, ni ne devait, dans aucun cas, tenir compte de ces raisons que d'ailleurs elle ignorait; et moi je dois à la justice de déclarer ici que j'ai fait disparaître la plupart de ces incorrections, que même j'ai ajouté quelques phrases, que j'en ai modifié d'autres, lorsque je l'ai cru à propos pour mieux expliquer ma pensée. Mais quoique cet ouvrage soit moins imparfait que dans l'état où il a été jugé par l'Institut, il est absolument le même quant au fond des idées, auxquelles je n'ai rien changé, et que j'ai cru devoir publier telles que la commission les a appréciées.

Mon seul désir était de présenter quelques vues utiles à l'homme social : si j'ai atteint ce but, quel que soit d'ailleurs le succès de ce travail, je suis satisfait ; et en acquittant une dette envers mes semblables, j'ai rempli le premier besoin de mon cœur.

AVERTISSEMENT

SUR

CETTE SECONDE ÉDITION.

J'ai tâché de faire mon profit des diverses critiques, tant publiques que privées, dont mon ouvrage a été honoré; il est vrai que la chose n'a pas toujours été facile : des opinions contradictoires sur plus d'un point, m'ont peut-être donné le droit de laisser quelquefois subsister la mienne, s'il est reconnu que la vérité tienne ordinairement le milieu entre les extrêmes.

Au reste, les points que l'on paraît être décidé à ne me pas pardonner aisément, c'est l'exclusion de la Mythologie dans les tableaux de caractère, et celle du mouvement physique dans certaines circonstances; je suis donc obligé d'y revenir.

D'après la Préface qui précède, j'avais quelque lieu d'espérer que l'on tiendrait compte des motifs dont j'ai appuyé mes opinions ; mais on a laissé ces motifs de côté, et l'on a jugé mes opinions sous un rapport absolu. J'ai répété, jusqu'à satiété, que mon ouvrage avait exclusivement pour but d'examiner les effets de la Peinture sur le vulgaire. Or j'avais pensé que tout, dans un livre, devait être subordonné au point de vue sous lequel l'auteur envisage son sujet ; et je ne pouvais croire qu'un lecteur sensé pût jamais oublier ce précepte trivial, commun à tous les genres d'écrit.

Je répète donc encore que la Mythologie ne me paraît pas à sa place dans une peinture destinée à produire sur le vulgaire un effet moral quelconque, parce que le vulgaire n'entend rien à la Mythologie. Il n'entend rien de plus à ces allégories éloignées, vagues ou équivoques, qui ne sont, au surplus, comme l'a dit ingénieusement un homme d'es-

prit (1), qu'une illusion dans une illusion. *Après tout, je n'ai proscrit absolument ni les fictions mythologiques, ni les allégories; et ce qui le prouve, c'est que j'ai distingué les circonstances où elles me paraissent convenir, et celles où elles me semblent manquer leur but.*

Tous mes autres paradoxes s'expliquent de la même manière; et quiconque prendra garde seulement au titre de mon ouvrage, finira, peut-être, par adopter le plus souvent ma pensée.

Quant au mouvement physique qui produit dans la nature un déplacement absolu, j'avoue que je trouve un contre-sens marqué entre un mouvement de cette espèce et le caractère de l'art; la raison que j'en donne, est que la translation effective d'un objet n'est sensible pour nous que parce qu'il y a, à chaque instant, un changement de situation entre cet objet

(1) P. *Chaussard.*

et ceux qui l'environnent, et que par-tout où ce changement n'a pas lieu, nous n'apercevons ni ne pouvons apercevoir de mouvement. Ici il n'est plus question d'enthousiasme et d'imagination : ma remarque, fondée en toute rigueur, ne touche en rien à la poétique de l'Art, et c'est par un zèle mal entendu que l'on m'accuserait de profaner, par une métaphysique sacrilège, la religion du beau dans les Arts d'imitation. Le mouvement prêt à s'exécuter, ou le mouvement au moment qu'il cesse, voilà celui qui me paraît seul du ressort de la Peinture ; c'est celui que les grands artistes savent exprimer avec une sorte de magie, et qui commande réellement l'illusion. Je ne dis rien de la pose pittoresque et animée des personnages d'une scène quelconque, dont l'action, dans l'instant où l'artiste la saisit, peut se concevoir d'une certaine durée dont les limites n'ont rien de précis : j'ai fait, sur le mouvement moral et sur l'expression des affections de l'ame, une profession de foi, que l'on trouvera sans doute exempte d'hérésie, lorsqu'on observera qu'elle se concilie précisément avec la manière des anciens de rendre ce genre de mouvement.

J'ai manifesté le désir que la Peinture n'entreprît jamais de produire des effets auxquels les moyens se refusent. En conséquence de ce sentiment, j'ai condamné tous les grands mouvemens, toutes les situations forcées, toutes les scènes d'action qui supposent autant de rapidité dans leur développement, que le poëte en met dans les tableaux de même espèce. J'ai blâmé, à ce sujet, les convulsions, et j'ai rappelé sans cesse la belle simplicité de l'antique. Remarquons, en passant, que si j'ai condamné sur la toile certains mouvemens matériels, comme dépourvus de toute vraisemblance, cela ne veut point dire que j'aie voulu faire consister le beau dans le repos seul et dans une immobilité universelle : certes, je me suis bien expliqué; mais ne confondons pas les genres, les caractères et les moyens; ne donnons pas à un Art, ce qui n'appartient qu'à un autre Art. Si tel objet, quelque beau qu'il me paraisse en soi, n'est pas imitable sur la toile, si le caractère de l'Art est en opposition avec le caractère de l'objet, qu'on le laisse, me dirai-je, dans la nature, et qu'on cherche des modèles ailleurs. Chaque Art à ses moyens; une impuissance n'est pas un défaut; et, encore une fois, ce n'est pas limiter la carrière des Arts, que d'indiquer leurs bornes naturelles; c'est en franchissant ces bornes, que l'on y introduit le chaos et que le goût se perd. Que la Peinture ne puisse rendre des sons, que la musique ne puisse exprimer les couleurs, ces deux Arts n'en auront pas moins leur mesure particulière de mérite et de beautés.

On m'a fait un reproche d'un autre genre. Je veux, a-t-on dit, priver la Pein-

ture d'une infinité de sujets à sa portée, en proscrivant les objets indifférens par eux-mêmes, tandis que l'œil et le goût peuvent encore se complaire à leur imitation. Que la Peinture, sous le rapport technique, puisse en général étendre son domaine sur la nature entière, et y trouver par-tout des scènes appropriées à ces moyens, ce n'est pas ce que j'étais chargé d'examiner : mon livre n'est pas un traité de Peinture. J'ai dit, il est vrai, que certains sujets indifférens ne valaient pas la peine que de grands peintres leur prodiguassent leurs talens, et j'ai invité les artistes à chercher, dans une influence morale et utile de leurs œuvres, la partie la plus solide de leur gloire. Quelle était ma tâche? d'apprécier les effets moraux de la Peinture. Et si tel sujet est dépourvu d'effet moral, pourquoi exiger que je le compte parmi ceux qui en sont susceptibles? Comment veut-on me condamner à examiner l'influence d'une scène qui n'en saurait avoir? C'est raisonner à-peu-près ainsi : « Nous convenons avec vous » qu'il est nombre de scènes indifférentes » qui sont nulles pour le sentiment; mais » elles sont du domaine de l'Art sous d'au- » tres rapports, et en conséquence, vous » avez eu tort de les exclure du rang de » celles dont l'effet moral est assuré ». Je pense que le lecteur me tient quitte de toute réponse à un argument de cette nature.

DE LA PEINTURE

CONSIDÉRÉE DANS SES EFFETS

SUR LES HOMMES DE TOUTES LES CLASSES,

ET

DE SON INFLUENCE

SUR

LES MOEURS ET LE GOUVERNEMENT

DES PEUPLES.

Un écrivain célèbre a dit : « On me demandera si je suis législateur ou prince pour » écrire sur la politique. Je réponds que non, » et que c'est pour cela que j'écris sur la politique. » J'ai médité quelquefois sur la Peinture, j'ai rassemblé quelques idées sur cet art enchanteur, et sans être artiste, je présente le résultat de mes réflexions. Je crois même que l'artiste n'est pas toujours celui qui peut le mieux développer les effets de son art : semblable aux habitans de telle contrée, qui ont besoin d'apprendre du voyageur étranger quelles sont les richesses qu'ils possèdent, et de quels maux ils ont à se débarrasser. Il se présente une autre considération. Si j'étais artiste, je me tairais, n'eussé-je même que des vérités favorables à dire, de crainte d'affaiblir ces vérités sous ma plume, et de prêter à leur apologie un air de prévention. On est assez en usage de comparer les artistes qui relèvent le mérite de leur art, à ces commentateurs enthousiastes pour qui leur auteur est l'écrivain par excellence.

Je vais dire franchement ce que je pense de la Peinture et de ses effets, de son influence sur les mœurs, et du degré d'utilité qu'en peut retirer l'homme social. J'examinerai de bonne foi si la peinture peut être mise au rang des arts utiles, et sous quel rapport elle peut y être placée : se dispenser de cette recherche, serait supposer la question. Une Société académique a demandé, il est vrai, il y a plus de quarante ans, aux savans et aux philosophes, si le rétablissement des lettres et des arts avait été utile aux mœurs. Mais une considération générale s'applique rarement avec justesse à tous les objets qu'elle embrasse; et il est peut-être tel art ou telle science à l'égard desquels on aurait peu de chose à induire, soit de la dissertation éloquente couronnée par l'Académie de Dijon, soit des apologies nombreuses qu'ont suscitées les opinions du philosophe de Genève.

Que les peintres et les amateurs de leur art m'écoutent, au reste, avec confiance. Je ne viens point ici ressusciter cette longue querelle dont la république des lettres a retenti si long-tems entre les arts et les sciences d'une part, et une philosophie trop ombrageuse de l'autre. Mon écrit, incapable de produire une telle sensation, n'aurait pas d'ailleurs à faire redouter aux artistes ces traits vigoureux d'une éloquence pressante, qui nous ont presque entraînés à nous demander si Socrate vivait encore.

J'aurai, sans doute, le courage de dire quelques vérités, mais l'artiste philosophe aura celui de les entendre. Ce n'est qu'en portant auprès des arts le flambeau de l'observation et de la philosophie, que l'on peut découvrir les diverses routes qui doivent les conduire à leur perfection, et surtout en faire jaillir une influence salutaire sur le bonheur de l'homme. Si j'ai quelques réflexions nouvelles à présenter, je les proposerai dans la seule intention d'augmenter la masse des idées actuelles sur un art qui fait nos délices. Si je parle quelquefois de l'impuissance de la Peinture, je n'en veux point à la gloire des artistes : démontrer cette impuissance, c'est relever, au contraire, le génie de ceux qui savent presque la faire oublier; ce n'est pas attaquer le mérite de l'art, c'est en indiquer les bornes naturelles.

On pourrait croire qu'il serait peut-être à propos de suivre l'histoire de la Peinture, et d'observer le genre d'influence qu'elle a exercé sur les hommes dans les différens degrés de culture et de perfectionnement où elle s'est trouvée. Mais, selon nous, indiquer l'influence naturelle qu'elle doit avoir dans tous les cas; c'est indiquer celle qu'elle a dû avoir dans tel tems et dans tel lieu. L'exposition du produit naturel d'un art, est l'histoire même des effets de cet art. Les faits étayeront, au reste, plus d'une fois nos observations.

La question dont nous allons nous occuper, honore singulièrement le corps des savans et des artistes qui la propose; elle prouve combien il se rend digne de son institution, en entrant, dès les premiers pas, dans la carrière importante des recherches de tout ce qui peut contribuer

contribuer au perfectionnement de l'état social.

Quant à l'homme qui a des réflexions à présenter ici, il doit fermer son ame à toute considération étrangère à la vérité ; il doit éteindre pour quelques instans chez lui l'enthousiasme même dont les arts l'enflamment, pour calculer avec calme l'influence de leurs productions. Plus ces arts sont propres à agir sur le sentiment ; plus l'observateur qui s'occupe de leurs effets moraux, doit mettre de sang froid dans ses recherches. Je ne prendrai donc point le ton de l'orateur ; je ne m'adresserai ni au cœur ni à l'imagination, mais c'est à la raison et au nom de la raison que je parlerai ; mon style sera simple comme elle.

PREMIÈRE PARTIE.

Des moyens qu'emploie la Peinture, et des objets de ses imitations.

C'est un tableau bien frappant que celui du progrès des connaissances humaines et des arts, pour le philosophe qui, sachant détourner les yeux de dessus les objets qui l'entourent, remonte auprès du berceau de la raison, va observer les premiers essais des forces et de l'intelligence de l'homme, contemple les actes faibles et imparfaits qui en sont le résultat, et rapproche ce spectacle de l'état de perfectionnement où il trouve ensuite les arts cultivés parmi ses contemporains. Si nous portons un tableau de Raphaël à côté du contour grossier de la figure humaine qui marqua le premier la naissance de l'art, quelle foule de réflexions naîtra de ce rapprochement ! combien l'homme admirera l'étendue de ses forces, et combien nous nous sentirons portés à excuser l'orgueil qu'elles lui inspireront !

Quand la nature reproduit ses ouvrages, elle emploie des matériaux analogues à l'essence des êtres qu'elle organise. L'homme a fait davantage : il est venu montrer aux yeux des objets et des formes qui n'existent pas; il a bravé la pénétration de celui de nos sens que nous exerçons le plus, et dont le domaine est le plus étendu; il a copié la nature pour lui, et lui a fait prendre, pour réalité, des fantômes créés sur une surface plane. C'était peu d'avoir répété les formes des êtres matériels : se confiant à sa propre force et au pouvoir de son génie, il a cherché d'autres résultats avec les matériaux même les plus opposés aux effets qu'il voulait produire : c'est ainsi qu'il a essayé de peindre le mouvement et la vie avec des substances inanimées et des traits immobiles, comme il exprime le silence avec des sons.

Je me suis représenté, plus d'une fois, un homme qui, ayant vécu jusqu'à l'âge du développement de toutes ses facultés naturelles dans une parfaite ignorance sur les arts cultivés par les peuples policés, serait tout-à-coup introduit dans une de nos maisons, et qui, après en avoir vu plusieurs fois le maître, aurait retenu les principaux traits de sa physionomie, et viendrait à rencontrer le portrait de cet homme fait avec toute la ressemblance que peuvent obtenir les moyens de l'Art. Après avoir adressé vainement la parole à cette image, il serait d'abord étonné de son immobilité, et plus encore de son silence (1). Enfin, fatigué d'une obstination dont il ne pourrait concevoir la raison, il s'approcherait.... Quelle serait la surprise de cet homme, lorsqu'au lieu de rencontrer son semblable, ses mains seraient arrêtées par une surface unie résistant à son action! Si l'on parvenait à le détromper, et à lui faire entendre que

---

(1) J'ai vu un homme de la campagne offrir ses denrées à une personne qu'il voyait à la fenêtre. Il répéta son offre à plusieurs reprises, et voyant qu'on ne lui répondait rien, il s'impatienta et suivit son chemin en murmurant. La personne muette était une figure peinte qui subsiste encore. Il ne faut pas nous étonner si, même avec très-peu d'art, on en impose facilement à ceux qui n'ont que peu ou point vu de peinture, aux animaux mêmes; c'est qu'ils ne soupçonnent pas l'imitation. On connaît le trait rapporté par Pline, du serpent que firent peindre les magistrats de Rome autour du lieu où devait dormir Lépidus, pour faire taire les oiseaux qui avaient troublé son sommeil auparavant, et qui les écarta en

cette illusion qui le frappe est due à l'arrangement de quelques matières mortes, étendues sur une toile : « Est-ce-là, dirait-il, l'ou-» vrage d'un homme, ou celui d'un Dieu ? »

Je me suis demandé quelquefois pourquoi le développement des facultés humaines n'est que successif. La nature, disais-je, semblable à l'artiste qui esquisse son ouvrage, le travaille, l'achève et n'efface que les unes après les autres les imperfections qu'il y découvre, n'aurait-elle d'abord qu'ébauché l'espèce humaine ? et serait-il vrai que, la retouchant après coup, elle n'aurait ainsi perfectionné que successivement l'organisation de l'homme ? Non ; elle lui a donné la faculté passive d'acquérir

---

effet. Quant à nous, c'est l'intime conviction où nous sommes que les peintures sont des ouvrages de l'art, qui contribue beaucoup à diminuer l'illusion à nos yeux. Nous voyons l'art et l'imitation avant l'objet imité. On sait, par exemple, que le spectacle inspire d'autant moins d'intérêt, qu'on est plus accoutumé à la figure des acteurs : c'est que ne pouvant alors détacher l'idée du personnage de celle de la personne privée, nous finissons par ne voir que celle-ci ; et l'illusion s'évanouit. « Si mon » chat, dit J. J. Rousseau, m'entend imiter un miaule-» ment, à l'instant je le vois attentif, inquiet, agité : » s'aperçoit-il que c'est moi qui contrefais la voix de son » semblable ; il se rassied et reste en repos ».

une certaine mesure de perfectionnement, et elle a laissé au tems et aux circonstances le soin de féconder cette faculté. L'homme de la nature est le même aujourd'hui qu'il fut il y a cinq mille ans; la force de son génie n'était pas moindre, et je vois autant d'effort et un aussi grand pas de la raison humaine dans le premier signe de la pensée, tracé sur le sable ou gravé sur la pierre, que dans les sublimes conceptions du chancelier anglais.

Un homme seul, une génération même, ne peuvent apercevoir qu'un certain nombre de vérités, et celui-là en connaît davantage, qui naît plus tard; il jouit du bénéfice que lui ont préparé les siècles antérieurs. Ainsi le perfectionnement de la raison de l'homme, est l'ouvrage de l'homme même qui est parvenu à rassembler en lui les pensées de son espèce toute entière. Il ne manquait que des siècles avant celui qui soupçonna le premier la sphéricité de la terre, pour qu'il fût un Newton; et Cléophante de Corinthe, né dans le siècle des Médicis, eût été un Titien.

Cette vérité est assez connue, et je n'en parle ici que pour en retracer une conséquence qui me paraît s'oublier journellement. Je voudrais que l'on mît sur la même ligne les hommes de tous les âges qui ont étendu d'un degré le domaine de l'entendement et des facultés humaines ; tous méritent un suffrage égal, et notre siècle aurait tort de se mettre au-dessus de ceux qui l'ont précédé, à raison de la supériorité de ses lumières. Le système actuel des connaissances humaines est sans doute un spectacle plus magnifique, plus complet et plus satisfaisant pour la philosophie; mais les savans d'aujourd'hui ne sont rien de plus par eux-mêmes que ceux qui ont paru avant eux. Leur supériorité n'est que celle des choses : si leur vue s'étend plus loin, ce n'est pas leur organe qui s'est agrandi, c'est l'horizon qui s'est reculé sous leurs yeux. Ils sont heureux d'être placés par la nature dans une époque avantageuse, mais ils n'en ont pas le mérite, s'il n'y en a aucun pour un homme de naître à une époque différente de celle d'un autre homme ; et celui qui a posé les pierres des fondemens a, sans doute, autant contribué à la construction de l'édifice, que celui qui en a élevé le toit, ou qui n'a fait que le décorer de quelques ornemens.

Les productions modernes des arts (et cette vérité n'enlève rien à leur mérite), sont comme ces rejetons qui n'existeraient pas sans les racines et le tronc d'où ils ont tiré leur substance ; ou comme ces belles colonnes corinthiennes, ces arcs magnifiques, ces voûtes élégantes jetées avec hardiesse, que l'architecte n'eût pu élever dans les airs, sans les robustes piliers toscans sur lesquels il a appuyé son ouvrage. Les anneaux d'une chaîne ne sont liés les uns aux autres et ne se soutiennent, que parce qu'il a existé un premier anneau auquel on a pu attacher tous les autres.

Suivons rapidement la marche de la Peinture, depuis son enfance jusqu'à nos jours ; ce coup d'œil nous offrira l'histoire et le développement des moyens divers que l'Art a employés successivement pour remplir son objet.

« L'homme est naturellement imitateur. » Cette assertion est très-fondée : elle est justifiée tous les jours par l'expérience. Voyez les enfans copier avec soin nos actions journalières, nos amusemens, nos douleurs même. Les pratiques religieuses, les marches militaires, les cérémonies funèbres, tout devient l'objet de leurs jeux, selon ce qui s'est offert le plus fréquemment à leur vue. La petite fille rend à sa poupée les mêmes soins qu'elle reçoit de sa bonne, et le jeune garçon manque rarement de se venger sur son petit magot, des corrections qu'il a reçues lui-même.

Il n'est point étonnant que, dès la plus haute antiquité, l'homme ait cherché à copier les objets qui frappaient ses yeux. On sait que la première langue écrite dut être une peinture, ou plutôt un dessin figuré des êtres matériels. Mais, soit que l'origine de la Peinture remonte à ces premiers essais, soit que nous devions à l'amour les premiers traits imitateurs de la figure humaine, quelles durent être grossières les premières ébauches qui sortirent de la main de l'homme! Une masse oblongue, un tronçon irrégulier de bois, d'argile ou de pierre, fut la première statue que façonna l'Egyptien superstitieux. Il traça quelquefois des contours sur une surface plane, pour imiter d'une autre manière, et à moins de frais, l'objet qu'il voulait se représenter. Telles furent les premières productions de la Peinture et de la Sculpture. Peu-à-peu on marqua sur ce fœtus informe, quelques linéamens destinés à indiquer la place des membres et les traits du visage. On fut long-tems avant de détacher les bras et les jambes sur les statues et sur les tableaux.

Le premier peintre de Corinthe n'avait marqué que les contours extérieurs de la figure humaine; le premier artiste de Sicyone y traça les traits intérieurs, et pour aider à la ressemblance, il imagina d'y mettre le nom de la personne rsprésentée.

Ce fut Cimon de Cléone qui dévelopa le premier les parties du corps humain dans les images dessinées, comme Dédale avait détaché les membres des statues et ouvert leurs paupières. Ainsi le vrai génie de l'Art jeta ses premières étincelles dans les ouvrages de ce peintre. Il traça aussi le premier quelques lignes propres à figurer les plis dans les draperies, qui jusque-là n'étaient que des enveloppes posées avec roideur et ne présentant qu'une surface uniforme. Déjà Eumare son maître avait marqué la différence de l'homme et de la femme, et ses imitations avaient cherché des modèles dans tous les objets qu'il rencontrait.

Bientôt la terre cuite et broyée vint offrir un moyen de plus de se rapprocher de la nature: moyen bien imparfait, que la Sculpture au reste avait déja employé. Toutes les figures furent peintes avec cette couleur; on ne leur donna qu'une teinte unie, la science des ombres était encore à trouver. Long-tems auparavant les Egyptiens avaient fait quelques progrès dans l'application des couleurs, mais leurs découvertes à cet égard n'avaient point passé dans la Grèce; d'ailleurs ils n'appliquaient également que des teintes plates.

Pendant deux siècles et demi on n'employa qu'une seule couleur, le rouge de Cléophante ; Bularque en trouva plusieurs. L'observation de la distribution de la lumière sur les objets, et de l'obscurcissement des parties qui en sont privées, lui fit faire les premiers essais des jours et des ombres : découverte sublime, qui fut un pas de géant dans la Peinture et à laquelle nous devons toute la magie de ses productions. On fut frappé du relief que les corps acquirent sous la main de Bularque. Cet homme de génie peignit une bataille qui se vendit au poids de l'or.

On peut juger déjà du degré de croyance que mérite le talent attribué à quelques-uns des anciens artistes qui ont précédé celui-ci, à Cimon, par exemple, celui de peindre les veines et les raccourcis. On a singulièrement exagéré le mérite des productions d'un art qui était encore au berceau; on s'est plu à les décorer à la moderne dans des descriptions enthousiastes et savantes, et l'on s'est peu inquiété si les arts peuvent ou non se trouver aussi avancés, lorsqu'ils sont encore si près de l'instant de leur naissance. L'admiration des anciens était naturelle: « Les premiers » tableaux, dit un écrivain, quoique gros- » siers, durent paraître divins». Nous n'examinerons pas si l'on peut étendre ce jugement sur le plus grand nombre des peintres qui parurent dans la suite, dont les ouvrages ne subsistent plus : nous pourrions tomber dans un extrême opposé. On convient généralement que les morceaux de peinture antique qui nous restent, sont des matériaux peu propres à fixer un jugement certain sur le mérite des productions des artistes du beau siècle de l'Art chez les anciens (1). Peu nous importe au reste ici le degré de perfection réelle de la Peinture dans les différens âges. Puisque les ébauches de l'antiquité parurent des imitations, leur influence dut être la même que

(1) Mengs croit que les peintures monochromes d'*Herculanum* sont pour la plupart de beaucoup postérieures au siècle d'Apelle.

celle d'une imitation plus parfaite chez des hommes plus avancés.

Le caractère des nations passe dans les ouvrages de leurs artistes ; les productions des Arts prennent l'empreinte des mœurs et des habitudes des peuples qui les cultivent. Les Grecs, entraînés dans des guerres continuelles, virent se multiplier les tableaux de batailles. Bularque avait peint la défaite des Magnésiens ; le frère de Phidias peignit la bataille de Marathon. On peignit dans la suite un combat des Athéniens dans la Béotie, leur victoire auprès de Phlius, l'expédition des Argonautes, des batailles contre les Perses, etc. On avait appris à multiplier les figures dans les tableaux ; on en vit jusqu'à cent dans un seul. Cependant les anciens chargeaient en général très-peu leurs compositions.

La Peinture avait langui pendant plus de deux siècles, lorsqu'un peintre de Samos fit l'application de la diminution apparente dans les dimensions des corps placés à différentes distances. Cet artiste introduisit ainsi le premier usage de la perspective. Cette découverte importante prépara les beaux jours de l'Art. Polignote vint l'enrichir de couleurs plus vives que celles qu'on avait connues jusqu'alors ; il les porta au nombre de quatre. Ainsi les formes et les couleurs devinrent plus vraies. Ce dernier peintre avait consacré généreusement ses travaux à l'embellissement d'un portique ; Athènes reconnaissante le combla d'honneurs. Ce fut là le signal donné aux artistes ; leur nombre s'augmenta prodigieusement, et avec eux les découvertes dans la Peinture.

Polignote avait restitué aux femmes leurs grâces naturelles et fait voltiger sur leur corps des draperies fines et légères. Ses successeurs enchérirent sur lui ; ils multiplièrent les sujets et les genres. On vit paraître la peinture encaustique, et quatre peintres s'y distinguèrent d'abord.

Les guerres fréquentes, les secousses politiques qu'éprouvaient journellement les Grecs, ne les détournaient point de la culture des arts ; il semble au contraire que les artistes de tout genre se multipliaient en proportion des troubles et des divisions (1). En

---

(1) « Les dissensions des Grecs étaient comme sont les petites tracasseries en amour, qui le rendent plus délicat et en resserrent les liens ». (*Vinkelmann. Hist. de l'Art. Liv.* 6, *chap.* 2)

vertu de l'appui que se prêtent les arts entre eux et de l'identité du génie qui préside à chacun, le siècle de la Peinture fut en général celui de tous les autres, et l'on vit paraître sur le même horizon cette foule de peintres, de statuaires, de poëtes, d'orateurs, qui illustrèrent le quatrième siècle avant l'ère vulgaire.

D'autres peuples que les Grecs avaient cultivé les arts du dessin. Les Egyptiens, les Etrusques, les Perses, les Hébreux, les Phéniciens, s'y étaient adonnés de bonne heure; mais ces peuples, quoiqu'ayant sous les yeux une nature propre à les élever aux plus belles conceptions, ne firent presque jamais, pour la plupart, que des œuvres de mauvais goût. Les uns, enchaînés par leurs lois, d'autres par l'opinion, ceux-ci donnant principalement leurs soins au commerce, ceux-là égarés par une timide superstition et n'osant se livrer à l'étude de la nature, tous rencontrèrent des obstacles puissans au développement du génie. Il était réservé aux Grecs d'ouvrir le temple du goût, et de moissonner dans la nature des beautés nombreuses jusqu'alors. Les belles formes de la stature humaine, les fêtes, les jeux publics, les exercices corporels, l'heureuse influence du climat, l'influence plus heureuse encore de la liberté et du caractère de ces peuples; tout concourut à-la-fois à développer chez eux des idées nobles et justes, à leur donner le sentiment du beau, ce tact délicat qui saisit partout la proportion et l'harmonie. Des circonstances sociales et politiques se joignirent à ces causes, et contribuèrent à élever les arts dans la Grèce au plus haut point de perfection. On érigeait des statues aux vainqueurs dans les jeux publics, on couronnait les artistes dans ces jeux, on récompensait le talent avec magnificence, avec enthousiasme. Les autres peuples ne jouirent ni des circonstances extérieures que nous avons indiquées, ni des encouragemens dont nous parlons.

Dejà les artistes se répandaient d'une région à l'autre. Deux peintres de Sicile qui s'étaient rendus à Rome, y ornèrent de plastiques et de peintures à fresque un temple de Cérès. Mais bientôt on vit briller Appollodore à Athènes : Appollodore qui éclipsa tous ses prédécesseurs, et se rendit célèbre par les élèves plus célèbres encore qui sortirent de son attelier. Il fit une révolution dans la Peinture

ture. C'est alors que parurent ces nombreux artistes que plusieurs villes de la Grèce se disputaient la gloire d'avoir vus naître. Les peintures se multiplièrent avec les peintres. On vit des sacrifices, des divinités, des lutteurs, des prêtres, des vieillards, des Hercules et des Centaures; des courtisanes, des Vénus, des femmes ivres, des personnages fabuleux, et dans la suite, tous les jeux et tous les écarts de l'imagination (1).

La corruption, qui introduit par-tout son poison funeste, vint apprendre aux artistes à prostituer leur génie, et le pinceau s'égara dans leurs mains. Le célèbre fils d'Evenor fit paraître le tableau scandaleux d'Atalante avec le roi de Calydon.

La peinture, employée d'abord à orner les temples des Dieux, passa dans les lieux d'assemblées publiques; mais là, elle séduisit bientôt la multitude. On voulut décorer ses appartemens, et l'Art ne fut plus que l'instrument d'un luxe dangereux. Un peintre de Sicyone introduisit cet emploi de la Peinture.

---

(1) On connaît la composition du tableau d'un disciple d'Apelle, représentant la ridicule mascarade de Jupiter coiffé en femme et accouchant de Bacchus.

Ce furent entre autres les productions trop fameuses de cet artiste, qu'un édile fit transporter à Rome dans l'immense théâtre qu'il avait fait élever pour immortaliser son édilité, qui achevèrent, en effet, dit Pline, de renverser les mœurs.

La Peinture devint une affaire d'état. On établit des écoles nouvelles ; on ordonna par des lois de faire entrer le dessin dans l'éducation des jeunes gens, et il fut défendu aux esclaves d'exercer la peinture. Ces règlemens, dans les beaux jours des républiques, dans les siècles de l'héroïsme et des mœurs, n'eussent mérité que des éloges ; mais les arts ne font qu'accélérer la corruption au sein de laquelle ils sont cultivés. On sait que les Romains agirent bien autrement, et ne firent guère mieux.

Athènes, Delphes, Corinthe, ouvraient des concours aux artistes. « Les villes de la Grèce, » dit un écrivain philosophe, qui n'avaient » connu que la rivalité des armes, connurent » celle des talens. »

Parlerons-nous ici des artistes nombreux qui brillèrent alors dans la Grèce ? d'un Parrhasius qui montra le premier l'harmonie des objets, la perfection des cheveux, les contours fondus avec art? d'un Timanthe qui vainquit ce grand artiste? d'un Pamphile qui forma le plus grand des peintres, et illustra l'école de *Sicyone* par ses élèves? d'un Nicomaque qui peignait des chefs-d'œuvre avec la rapidité de la pensée? d'un Nicias dont le pinceau ne fut dirigé que par les Grâces? d'un Asclépiodore qui vit ses ouvrages loués par le célèbre Apelle lui-même, et qui vendait ses tableaux trois cents mines par chaque figure? d'un Aristide qui peignit un Bacchus dont la beauté passe en proverbe, comme de nos jours celle du Cid? d'un Mélanthius qui compta aussi Apelle parmi ses élèves, et dont la gloire serait plus grande encore, s'il ne l'avait ternie en peignant le triomphe d'un tyran de sa patrie?

Mais laissons la foule des artistes intermédiaires qui ont rempli les intervalles des premiers âges de la Peinture, et hâtons-nous d'arriver au célèbre peintre de Cos, qui florissait vers la cent douzième olympiade. Ce grand artiste semble avoir coûté un effort à la nature : son siècle fut celui de la plus haute perfection de l'art, comme il toucha à celui de sa décadence. Les Romains, du tems de Pline, ont pu juger encore du mérite de ses ouvrages, et Pline se félicite d'en avoir joui,

L'orgueilleux conquérant de l'Asie passa de nombreux instans dans le modeste attelier de cet artiste; Louis XIV a rendu le même hommage à Lebrun. Tel est le pouvoir invincible du génie; tout est forcé de plier devant lui, il commande encore à ce qui semble dominer sur tout le reste.

Des modernes ont attribué à ce peintre l'invention du profil; ils ne se sont pas ressouvenus sans doute qu'avant Cimon de Cléone, on ne peignait pas autrement les figures humaines (1). Il trouva le secret d'un vernis qu'il employa pour conserver ses peintures : moyen infructueux, qui n'a pas mieux résisté à l'action du tems et aux révolutions que les couches multipliées de couleurs, destinées à

(1) Cette opinion est le résultat d'une fausse interprétation du passage de Pline. Cet auteur n'a pas voulu dire qu'Apelle fut le premier qui peignit des têtes humaines de profil : le profil est le point de vue le plus naturel, le plus aisé à rendre et a dû être saisi le premier. Pline a entendu faire remarquer qu'Apelle fut le premier artiste qui sut tirer parti de cette position, pour cacher les défauts du visage sur un portrait; et il fait voir cette observation au sujet du roi Antigonus qui était borgne, et dont Apelle cacha l'œil défectueux (*Plin. lib.* 35, *cap.* 10).

faire passer le *Chasseur*, de Protogènes, à la postérité (1).

Après la mort d'Alexandre, on vit encore par intervalles dans la Grèce quelques étincelles passagères de talent, qui se perdirent dans la suite. Le siècle des découvertes était passé; l'Art, ne fesant aucun progrès, dégénéra bientôt. Déjà quatre des peintres que nous avons nommés, avaient été les derniers de l'école de Sicyone, et le flambeau du génie qui y avait brillé depuis Eupompe, avait jeté son dernier éclat dans leurs ouvrages.

On vit sortir encore quelques artistes de l'école d'Athènes et de celle d'Asie : tels furent Métrodore, artiste et philosophe, en qui le le célèbre vainqueur de Persée trouva les deux hommes qu'il cherchait; le peintre de Byzance dont Jules César acheta les tableaux dans la suite; Philocharès qui excita long-tems l'admiration des Romains par son tableau de Glaucion; tels furent enfin quelques autres peintres moins célèbres, dont les pinceaux ne s'exercèrent que sur des médiocres sujets.

---

(1) Ce tableau, représentant Jalîse fils du Soleil, existait encore à Rome, du tems de Pline, dans le temple de la Paix. On prétend qu'il fut consumé par la suite dans un incendie (*Plut. in Demet.*).

Les trois principaux genres de peinture, furent la détrempe, la fresque et l'*encaustique;* peinture singulière que l'on a vainement cherché à ressusciter de nos jours, à l'aide de quelques passages obscurs de Pline et de Vitruve, les seuls secours qui nous restent à cet égard. La plupart des chefs-d'œuvre ne furent peints qu'avec quatre couleurs (1).

La noblesse des traits, l'élégance, le sublime des compositions, caractérisèrent bientôt les productions de la Sculpture. Les circonstances journalières où se trouvaient les Grecs, leur facilitaient à chaque instant, comme on l'a remarqué, l'étude de la nature; il ne s'agissait que de la copier et de rendre le relief par le relief. Mais dans la Peinture, on ne vit pas aussitôt comment on pouvait exprimer le relief avec des clairs et des ombres. D'ailleurs, on ignora long-tems les règles de la perspective, et le défaut des indications

(1) Les artistes attachaient un plus grand prix aux peintures faites ainsi à moins de frais : mais ils employoient ordinairement un plus grand nombre de couleurs, Dans la suite, les couleurs furent très-multipliées; on peut en voir la longue énumération dans Pline, *liv.* 35, *chap.* 6 *et* 7.

qu'elle fournit, dut faire placer long-tems tous les objets sur un même plan. Aussi, il s'en faut de beaucoup que la Peinture et la Sculpture aient marché chez les anciens sur la même ligne. « Il n'est pas absurde, dit la » Monnoye, que les anciens, avec d'excellens » sculpteurs, n'aient eu que de médiocres » peintres (1). »

Sans doute que le même génie qui dirigeait le ciseau du statuaire, fit passer la beauté du dessin dans les tableaux. Mais que pouvait être la composition sans perspective ? Quel fut le relief sans la science des ombres, et quel put être le coloris sans couleurs, pour ainsi dire, et sans la connaissance du clair-obscur ? Si quelque enthousiaste de la Peinture antique voulait néanmoins soutenir le parallèle des deux arts dont il s'agit, nous le prierons de comparer, avec Pausanias, le nombre des peintres grecs à celui des sculpteurs. « Dans ce tems (sous le règne de Phi-

---

(1) « Le Jupiter de Phidias, la Junon de Polyclète, les statues les plus vantées de l'antiquité existaient déjà, pendant que les tableaux grecs, sans aucune intelligence du clair-obscur, étaient dénués de toute harmonie ». (*Winkelmann. Hist. de l'Art. Liv.* 4, *chap.* 1.)

» lippe, père d'Alexandre), dit Mengs, la » Peinture était encore peu connue, quoique » la Sculpture fût déjà assez commune (1). »

Ne pouvant établir le mérite des peintures antiques par elles-mêmes, on a cherché à le prouver par les descriptions que nous en ont laissées les historiens, en supposant que ceux-ci étaient de parfaits connaisseurs initiés dans toute la magie de l'art. Mais, outre que cette manière de juger est en elle-même très-sujette à erreur, il faut remarquer avec Mengs que Pline, par exemple, a souvent loué avec excès, dans les ouvrages dont il parle, des parties secondaires qui ne sont point faites pour attirer l'attention, et dont le trop de perfection même serait un défaut réel : j'en appelle aux connaisseurs; tels sont les serpens du Laocoon qui sont, dans ce beau groupe, les objets presque exclusifs de l'admiration de Pline, comme le même Mengs l'a remarqué.

On aurait tort cependant de croire, avec quelques modernes, qu'avant Zeuxis on ne connaissait nullement la pratique des ombres. Ces auteurs s'appuient sur un passage de

(1) Réflexions sur Raphaël, le Corrège et le Titien, et sur les ouvrages des anciens. *Chap.* 5.

Quintilien, qui, d'après la phrase qui le suit, indique que cet écrivain a parlé seulement des effets accidentels de la lumière, des ombres portées. Il dit, en effet, que les objets ne ressortant que lorsqu'ils sont plus éclairés que ce qui les entoure, c'est-à-dire, lorsque les alentours sont ombrés, les peintres ont soin de séparer les figures, afin que l'ombre de l'une ne tombe pas sur l'autre (1). Ce qui confirme notre opinion, c'est que Pline remarque que la première découverte qui suivit la peinture monochrome, fut l'emploi des jours et des ombres (2). Or, est-il vrai qu'il ne se soit fait aucune découverte entre Cléophante et Zeuxis?

Le peintre de Corinthe ayant suivi en Italie le père de Tarquin l'Ancien, il y trouva déjà la Peinture en vigueur depuis long-tems. Les peintures de Cœré, chez les Etrusques, si l'on en croit Pline, avaient précédé toutes les autres peintures. Cependant ce crépuscule précoce ne fut point suivi du beau jour qu'il

---

(1) *Ideòque artifices, etiam cùm plura in unam tabulam opera contulerunt, spatiis distinguunt, ne umbrœ in corpora cadant.* (Lib. 8, cap. 5).

(2) Plin. *lib.* 35, *cap.* 5.

semblait annoncer. Il est bien étonnant que les Etrusques, chez qui les arts ont fleuri bien plutôt que dans la Grèce, et de qui les Grecs ont beaucoup emprunté, soient restés si fort au-dessus de ceux-ci dans l'imitation de la nature (1). L'Etrurie ne nous a pas transmis le nom d'un seul artiste dans la Statuaire ou la Peinture. On n'en vit paraître en Italie que de médiocres dans ce dernier genre. Plusieurs siècles s'écoulèrent, sans que l'on sache ce que devint la Peinture pendant ce long intervalle; et le premier historien de Rome, fût, sans doute, resté dans l'obscurité, s'il n'eût fait que décorer de ses peintures le temple d'une déesse.

Le surnom de *Pictor*, donné à la famille

---

(1) Winkelmann, contre le sentiment de plusieurs savans, avance d'abord que l'Art a été porté en Etrurie par des colonies grecques, et que c'est de ces colonies que les Etrusques ont pris l'amour du beau, en même tems qu'ils ont été civilisés par elles. Mais les propres recherches qu'il fait, le conduisent à avouer ensuite que les arts ont prospéré chez les Etrusques plutôt que chez les Grecs mêmes, et qu'une foule d'ouvrages étrusques attestent qu'ils ont été faits avant que les Grecs eussent imprimé quelque régularité à leurs productions (Hist. de l'Art, liv. 3, chap. 1). Voilà une proposition qui est absolue; et certes, si cela est, les Grecs n'avaient pu inspirer aux

de ce peintre, ne veut point dire que Fabius rendit la Peinture aussi honorée parmi les Romains qu'on a semblé le croire (les tems postérieurs l'ont assez prouvé) ; bien moins encore que ce surnom ait été donné comme un titre de considération. Pline, que l'on ne peut soupçonner d'avoir eu l'intention de déprécier l'art, nous apprend qu'un seul Romain, de quelque considération, exerça la Peinture. Un citoyen, respectable par les charges qu'il avait remplies, fut tourné en ridicule pour l'avoir pratiquée. Ce ne fut point, comme on l'a dit, parce qu'il peignit de petits tableaux ; mais Pline dit formellement que c'est parce

---

Etrusques un goût qu'ils n'avaient pas encore eux-mêmes.

Je dis que la proposition de Winkelmann est absolue ; c'est-à-dire que l'on ne pourrait pas opposer ce qu'il dit ensuite, que lors de la prospérité des arts chez les Etrusques, les révolutions de la Grèce avaient détruit ses monumens antérieurs. Ce que dit Winkelmann du défaut de régularité dans les ouvrages des Grecs, se rapporte à toutes les époques antérieures. On pourrait bien moins encore alléguer l'influence que les Grecs exercèrent dans la suite sur l'Art des Etrusques, et qui en changea le style, puisque ceci se rapporte à la fin de l'Art dans l'Etrurie.

que l'art était méprisé, et que l'on se moquait de ceux qui s'y adonnaient.

Il n'est donc point étrange que le génie de la Peinture soit resté mort dans cette ville célèbre, et que Rome n'ait pas produit un grand peintre : les talens sont souvent les enfans de l'opinion. Eh ! sans la perspective de la gloire, trouvez cet aiguillon puissant qui fait redoubler les efforts et triompher de tous les obstacles ! Le génie alors est un feu qui, repoussé par l'atmosphère dans laquelle il s'élance, se replie sur lui-même, et se consume sans éclat.

Le petit-fils d'un consul fut destiné par l'un de ses parens à la pratique de la Peinture, parce qu'il était muet. Ne semble-t-il pas que Messala, en suggérant ce parti, ait voulu dire par-là que le jeune homme n'était propre qu'à cet exercice, que ce n'était là qu'un pis-aller, seule ressource d'un citoyen disgracié par la nature ?

Non-seulement les Romains firent peu d'état de la Peinture, mais ils donnèrent souvent des preuves de leur mauvais goût ou de leur ignorance extrême : telle fut l'exposition de ces tableaux bizarres que l'on voyait sur les places publiques, et dont quelques-uns représentaient les objets les plus ridicules. Le conquérant de l'Achaïe vendit à l'encan sur les lieux des chefs-d'œuvre de l'école de Sicyone, et ne transporta à Rome le Bacchus d'Aristide, que parce qu'il lui soupçonna quelques vertus secrètes, d'après le prix considérable qu'y avait mis le roi de Pergame. On connaît les autres traits de l'ignorance du consul romain. Marcus-Agrippa ne fit-il pas à Rome ce qu'avait fait Mummius à Corinthe? et le gendre d'Auguste est mis au nombre des principaux amateurs et protecteurs de la Peinture chez les Romains.

On vit plus encore dans la suite. Les chefs-d'œuvre de la Grèce furent défigurés : on substitua des têtes romaines, sur les statues et sur les figures des tableaux, à celles qui avaient coûté les plus grands efforts du génie. La mosaïque remplaça la peinture plate, et les figures informes, mais riches des modernes, qui se firent modeler en argent, prirent la place des images ressemblantes des anciens héros. La Peinture ne servit plus à conserver la mémoire des morts, et à perpétuer le souvenir de leurs vertus. En vain, quelques conquérans étalèrent les images de leurs victoires; cette pratique ne produisit point de héros ;

c'était à la postérité à décerner de semblables honneurs. Celui qui se couronne lui-même n'excite aucune émulation.

On aimerait mieux voir les Romains dédaigner, par philosophie, le luxe d'Athènes dans l'emploi des Beaux-Arts; mais ce n'est pas par philosophie, sans doute, qu'ils chassèrent, des portails de leurs maisons, les modestes images de leurs ancêtres, pour charger d'or et de porphyre les lambris de leurs appartemens. Ainsi, ils n'atteignirent ni cette heureuse simplicité qui éloigne les besoins, ni ce génie sublime des arts qui fait presque excuser les abus qui marchent avec eux.

Les Beaux-Arts, comme la philosophie, ne firent que des maux à Rome, parce qu'ils y furent transplantés sur un sol corrompu, et que les Romains ne prirent que les écarts des uns, comme ils n'adoptèrent que les travers de l'autre. D'ailleurs, incapables de juger des productions du génie, qu'une longue culture seule peut faire apprécier, ils regardèrent les ouvrages des plus grands artistes comme des productions mercenaires que les riches pouvaient commander et payer; et c'est le luxe et non le goût qui les achetait. Voilà pourquoi la Peinture fut totalement dégradée à Rome.

C'est en vain que Pline gourmanda ses contemporains sur la décadence de cet art. Ses reproches amers sur les vaines richesses qui avaient succédé aux productions du talent, l'exemple qu'il leur offre des peintres étrangers, celui des vainqueurs qui avaient enrichi Rome des ouvrages de ces artistes, le souvenir des tableaux et des statues dont on avait orné les bibliothèques, tout cela ne fit pas naître un artiste de plus, et ne réussit pas mieux à réformer le goût.

Après la mort d'Auguste, on vit se réfroidir le faible talent qui s'était montré dans Rome; il en resta peu sous les empereurs qui le suivirent, et l'invasion des barbares, en précipitant tous les arts sous les ruines de l'empire, ne fit qu'ensevelir les squelettes décrépits de la Peinture et de la Sculpture, qui, dans leur vieillesse extrême et dans le dépérissement où elles étaient tombées, conservaient à peine encore un souffle de vie.

Quelques parcelles du feu qui avait brillé jadis dans la Grèce, y voltigèrent long-tems encore avec l'ombre des grands artistes qui n'étaient plus. Ce fut une étincelle de ce feu, échappée de la capitale de l'Orient, qui vint ressusciter l'art en Italie, au commencement du onzième siècle. Des peintres grecs, appelés à Florence à différens intervalles, y formèrent quelques élèves, et jetèrent les fondemens de cette école célèbre qui a fait revivre, en Europe, le génie des Zeuxis et des Protogènes. Ainsi, l'on dirait que cette même Toscane, qui avait vu jadis éclorre les productions naissantes de la Peinture, fut le terroir le plus propre à recevoir le dépôt précieux d'un germe formé chez les anciens, et le climat le plus favorable à son développement. C'est une chose bien remarquable que le berceau même de la Peinture, en Europe, ait reproduit cet art dans son adolescence, et lui ait préparé cet âge de vigueur où il est parvenu. Ne croirait-on pas voir ressusciter un feu mal éteint, dont la lueur acquiert d'autant plus d'éclat, qu'il est resté plus long-tems enveloppé sous la cendre? Est-il donc des régions privilégiées que le Dieu des arts regarde avec plus de complaisance, et vers lesquelles se dirige, par préférence, le feu du génie qu'il répand sur la terre, semblable à ces nuages qui s'amoncèlent autour des cimes élevées des montagnes, pour verser, dans leurs flancs, ces flots inépuisables destinés à arroser de vastes campagnes, et à y faire circuler avec eux l'abondance et la vie?

La

La renaissance de la Peinture attacha tous les regards sur cette contrée de l'Italie. Les premières ébauches qui parurent, excitèrent un enthousiasme excessif; les rois vinrent visiter l'attelier des peintres, des tableaux furent portés en triomphe, et les artistes furent comblés d'honneurs. Comme les villes de la Grèce, celles de l'Italie donnèrent le droit de citoyen aux peintres qu'elles accueillirent.

De l'école florentine sortirent bientôt des hommes de génie qui ont rempli les contrées étrangères des productions de leur pinceau et de l'éclat de leurs noms. Cette école brilla peu de tems, mais n'eût-elle que la gloire d'avoir produit le peintre d'Arezzo, auquel les Muses, a-t-on dit, doivent une triple couronne, elle aurait justifié sa célébrité.

Déjà Rome, qui renfermait dans son sein les débris de l'antiquité, avait éprouvé quelques secousses à la suite des premiers succès des peintres de Florence: ses premiers efforts semblèrent correspondre à ceux des Florentins; le génie des arts y transpirait des monumens antiques; c'était un feu électrique qui n'attendait que le contact d'une première étincelle pour éclater.

Mais une découverte importante préparait

une révolution dans la Peinture. Un peintre flamand se servit avec succès du mélange des couleurs avec l'huile, et ce nouveau genre de peinture se répandit avec rapidité dans toutes les écoles de ce tems. L'école flamande, peu semblable en cela aux inventeurs ordinaires, qui laissent aux autres le soin de perfectionner leurs découvertes, a conservé la supériorité dans la sienne, et d'elle sont sortis les plus grands coloristes modernes, si l'on excepte le célèbre peintre de Venise. On laissa bientôt de tout côté la pratique ancienne pour la peinture à l'huile, peinture en effet plus flatteuse, plus riche dans son exécution et dans ses résultats, et offrant plus de ressources au travail et aux soins de l'artiste, mais moins propre à éterniser ses ouvrages et sa gloire. Dès-lors l'Art prit un caractère nouveau, et il ne lui resta rien de commun, sous ce rapport, avec ce qu'il fut chez les anciens.

Le seizième siècle fut fécond en grands peintres, et la Peinture fut portée en peu d'années à une étonnante perfection. Il semblait que le génie de cet art voulait se dédommager ainsi du long sommeil où la barbarie des siècles précédens l'avait tenu enseveli, et rassembler, dans quelques instans, les progrès qui auraient été le fruit des années écoulées et perdues pour lui.

De l'école de Florence sortirent Léonard-de-Vinci, qui fit tomber le pinceau des mains de son maître; Michel-Ange, grand architecte, aussi sublime dans l'art des Phidias que dans celui d'Apelle, devant qui les princes se découvraient, et dont ils se disputèrent la dépouille après sa mort; André del Sarto qui osa se mesurer à Raphaël, et trompa l'œil du plus savant des disciples de ce grand maître; Leroux qui, le premier, fit goûter la Peinture en France; Périn, Volterre, etc.

L'école de Rome produisit Raphaël. . . . . Ce nom suffit à sa gloire.

La Lombardie vit naître le Primatice qui enrichit la France des merveilles de l'antiquité; le Corrège qui, par la seule force de son génie, s'éleva au second rang des peintres modernes, et que la générosité de son ame enleva à la fleur de l'âge; Mazuoli, le Protogène de l'Italie; les Carache qui établirent une école nouvelle, ramenèrent pour quelques instans le bon goût à Rome, où il commençait à dégénérer, et formèrent tous les grands peintres postérieurs de l'école lombarde; le Guide à qui Nicomaque semblait avoir transmis son pinceau et la promptitude de son génie; l'Albane, le Dominiquin, etc.

Venise produisit le Titien, ce grand coloriste qui peignit presque tous les princes de l'Europe, et, ce qui vaut mieux pour sa gloire, Michel-Ange lui-même; le Bassan, qui a répété, envers le grand Carache, l'illusion du rideau de Parrhasius; Sébastien, le Tintoret, Véronèse, Palme, etc.

L'Allemagne vit paraître Albert-Durer qui fut à-la-fois peintre, graveur, sculpteur, architecte et géomètre, et qui, très-versé dans ces divers genres pour le siècle où il vivait, contribua puissamment par ses écrits à la restauration des arts; Minion qui a mérité d'être appelé le Van-Huysum, allemand; Marie-Sybille Mérian, cette femme célèbre qui n'épargna rien pour enrichir l'histoire des insectes, des plantes et des fruits qu'elle imitait avec tant d'art; Kneller, Muller, etc.

Anvers cite le célèbre peintre de Maséick (1); Rubens qui, à la renommée d'un des plus grands peintres de son siècle, réunissait celle d'un profond négociateur, qui possédait de

---

(1) Jean Van-Eick, connu sous le nom de Jean de Bruges, inventeur de la peinture à l'huile.

vastes connaissances et parlait sept langues; Jordaëns, Van-Dick, etc.

De la Hollande sortirent le maître de Rubens, Rambrant, Wouwermans, Berghem et d'autres peintres de la nature, non moins célèbres.

Gênes, Naples, l'Espagne, eurent aussi leurs artistes.

Ces diverses écoles produisirent encore un grand nombre de peintres dont la plupart atteignirent presque le même degré de génie et de gloire. Tous ces grands noms font bien mieux que nous ne pourrions le faire ici l'histoire des beautés, des richesses et de la fécondité de l'Art dans le siècle où ces hommes célèbres ont vécu. Leur mémoire nous transporte dans les grandes villes qu'ils ont enrichies de leurs productions, et là elle nous offre un ensemble de merveilles dont les variétés et le nombre tracent à nos yeux le tableau surprenant de la Peinture moderne et de ses progrès dans le court intervalle qu'elles rappellent.

Ici se présente une de ces découvertes étonnantes, qui frappent à-la-fois par le degré de perfection où elles sont portées subitement, et par l'immense parti que les arts en tirent :

je veux parler de la gravure des estampes, qui est une propriété des siècles modernes. Les premiers essais du burin avaient paru au milieu du quinzième siècle; et déjà sur la fin du même siècle, on vit se multiplier les copies des œuvres de Raphaël et du Titien, et les compositions de ces grands maîtres offertes à tous les regards, et portant chez tous les peuples comme des échantillons de leurs productions et de leur génie. Cet art, qui ne fut d'abord qu'une imitation de la Peinture, qu'une seconde copie de la nature, devint bientôt une peinture lui-même sous la main des Mérian, des Bosse, des Bloémaërt, des Rembrant, des Leclerc, des Leblond, des Audran, etc. Ses richesses et ses avantages ne se bornèrent pas là. Il prêta son secours à tous les arts, auxquels il fit faire les plus grands pas, et devint l'interprète du langage des sciences, en donnant un corps à leurs démonstrations. Il devint encore une des sources de la prospérité des Etats : quelle branche étonnante d'industrie et de commerce n'a-t-il pas introduite chez tous les peuples !... Mais revenons à la Peinture.

Déjà l'Italie, l'Allemagne, la Flandre avaient donné de grands peintres à l'Europe et le jour éclatant qui brillait dans ces contrées, n'était encore pour la France que cette faible lueur que produit dans les airs l'approche du soleil qui s'élève sous l'horizon. Les peintres d'Italie y transplantèrent, à la vérité, le germe de leur art dès le quinzième siècle; mais il ne put y prospérer, il semblait que le sol de la France ne lui convenait pas. Pendant un siècle entier, les Français n'eurent chez eux que des artistes étrangers. Le Corrège, les Carache, le peintre d'Urbin, Paul Véronèse, Michel-Ange, n'étaient plus, et la France n'avait pas encore un peintre. Elle eut enfin son Raphaël; mais le génie de ce grand homme alla briller loin de sa patrie, et il ne transmit ses talens à aucun de ses compatriotes : enfin, les peintres d'Italie y formèrent quelques élèves. L'atelier de Vouet y avait fait fermenter le génie, et avait préparé quelques grands hommes. Les Français visitèrent l'Italie, y étudièrent les cartons des grands maîtres, et la vue de l'antique leur inspira le sentiment du vrai beau. Le dix-septième siècle produisit les Mignard, les Dufrenoi, les Lesueur, les Lebrun, les Boullongne, les Coypel, etc. et les Français prouvèrent qu'avec les mêmes moyens, ils pouvaient rivaliser avec les autres peuples, et porter les arts au même degré de perfection.

Ceux qui ont reversé, sur Louis XIV, le mérite de l'éclat qu'ont pris les arts sous son règne, n'ont pas songé qu'avant lui, François I.er avait autant fait pour la Peinture en France, que les Médicis en Italie. Les encouragemens font, sans doute, de grands hommes, mais ce n'est qu'avec le concours d'autres accidens souvent indépendans des circonstances politiques et de la munificence des princes (1). Si c'était aux récompenses et aux honneurs publics que l'on dût les grands artistes, quelle contrée compterait plus de bons peintres que l'Angleterre (2).

L'âge faible de la Peinture, parmi nous, a été court; cet art a acquis, en peu de tems, une maturité brillante qui annonçait un déclin

---

(1) « La nature capricieuse, à ce qu'il paraît, ne fait » naître les grands artisans que quand il lui plaît ». (*Dubos. Réfl. critiq.*)

(2) « Les peuples, dit encore Dubos, chez qui de tels » arts n'ont pas fleuri, sont des peuples qui habitent un » climat qui n'est point propre à ces arts. Ils y seraient » nés d'eux-mêmes sans cela, ou du moins ils y seraient » passés à la faveur du commerce ».

aussi prompt, semblable à ces végétaux qui reçoivent, en peu de jours, leur accroissement, et dont la vigueur précoce est suivie d'un dépérissement prochain. Les peintres, vers le milieu du quinzième siècle, répandaient encore dans leurs ouvrages ce style dur, glacé et sans grâce, que leur inspirait le goût gothique qui régnait alors. Les peintures des vitraux d'églises et les ornemens bizarres des manuscrits, ouvrages remarquables seulement par le brillant des couleurs, avaient été les seuls objets des travaux des artistes du siècle précédent. Les architectes, en élevant des masses qui n'avaient d'autre mérite que la solidité, y répandaient ensuite, pour les orner, une confusion de détails et de broderies qui contrastaient avec l'ensemble par la petitesse et la disproportion de leurs parties, et fatiguaient la vue par des figures et des contours anguleux, dont le type n'existait nulle part dans la belle nature. Les sculpteurs faisaient revivre dans leurs statues les informes magots de l'antiquité ; les peintres les imitèrent et chargèrent leurs tableaux de dorures, d'inscriptions et autres objets étrangers à leur art. Mais le goût changea bientôt, et le rapprochement des objets sortis de la main des artistes, à des intervalles très-courts, étonne l'imagination.

La Peinture ne s'est soutenue dans tout son éclat que pendant deux siècles; tous les grands peintres ont paru presque sur la même ligne; ils ne nous ont laissé que leurs chefs-d'œuvre et leurs noms : leur génie s'est-il éteint?... On dirait qu'en effet la nature a besoin de repos, lorsqu'elle a produit un certain nombre de grands hommes dans tel ou tel genre, comme si elle s'épuisait en les formant; elle semble faire une pause. Le seizième et le dix-septième siècle ont été ceux des beaux-arts, et le dix-huitième, celui des sciences profondes; ainsi les Muses paraissent quelquefois se distribuer des rôles successifs parmi nous. Peut-être les arts sont-ils au moment de briller d'un éclat nouveau. Si l'Italie n'envoie pas aux échos de l'Europe de grands noms à répéter, la France citera, sans doute, ses Appollodores et ses Praxitèles, et prouvera que les arts, comme le dit le célèbre Winkelmann, furent toujours les enfans de la liberté (1).

Je ne puis me défendre de placer ici une réflexion qui se présente d'elle-même. Je veux

(1) Il faut se rappeler que ceci a été écrit en l'an IV.

dire un mot sur la Sculpture moderne, et sur la supériorité du mérite de nos peintres, comparés à nos statuaires. « Je n'entendis jamais, » dit Dubos, prononcer en faveur des sculp» teurs modernes. » Ce que ce critique n'a pas entendu, nous l'avons entendu après lui; et ce jugement bien étrange, sans doute, paraît plus étrange encore, quand on se rappelle avec quelle modeste sincérité Michel-Ange montrait l'antique à côté de ses ouvrages, pour faire juger, disait-il, combien les modernes étaient éloignés des anciens. On me dira qu'alors le Milon et l'Andromède n'existaient pas, ainsi que d'autres chefs-d'œuvre qui ont paru depuis. Mais, en laissant le soin de comparer l'Andromède de Puget avec le Cupidon de Michel-Ange, aux connaisseurs qui ont vu l'un et l'autre, nous nous contenterons d'observer que le premier groupe est lui-même un hommage rendu à l'antique, dont l'artiste a copié les proportions avec le plus grand soin. On s'est étonné de voir quelques productions de la Sculpture moderne approcher des beautés des ouvrages de la Grèce et de Rome; on devrait s'étonner, au contraire, de ce que la Sculpture moderne n'est pas supérieure à l'ancienne; et, à part les raisons de ce phénomène qui doivent être connues, voici une remarque que l'on pouvait faire. Les peintres modernes ont créé leur art; la Peinture antique avait disparu. Ils n'ont puisé que dans leur génie les prestiges enchanteurs qu'ils ont développés; leur gloire leur appartient toute entière. Mais nos sculpteurs avaient des modèles sous leurs yeux; ils ont eu, pour maîtres, une partie de ce que la Grèce, savante dans les beautés de la nature, a enfanté de sublime. Eussent-ils même atteint leurs éternels modèles; combien leur gloire serait encore au-dessous de celle des peintres qui ont marché seuls dans la carrière!

Mengs est bien éloigné de croire à cette approximation; et certes, le sentiment de ce savant artiste doit nous paraître de quelque poids. Il trouve que la Peinture moderne offre des résultats inférieurs à la Sculpture antique, et il met encore notre Sculpture au-dessous de la Peinture moderne. Il observe d'abord que la Peinture est plus propre à exprimer nos idées que la Sculpture, que le pinceau suit la pensée, ce que ne peut faire le ciseau du statuaire; celui-ci finit par où l'autre commence, par le contour des objets. Mais, outre cette cause d'imperfection qui d'ailleurs fut commune aux anciens, il en indique d'autres plus puissantes et d'une influence plus immédiate. Il parle du peu d'étude de nos artistes, du mauvais goût des amateurs qui commandent ou dirigent les ouvrages, de la nécessité où sont les artistes de travailler vîte; chez les anciens, ajoute-t-il, une bonne statue faisait la fortune d'un statuaire; chez nous, il en faut cinquante mauvaises (1).

Qu'elle doit être fière l'ombre de ces grands artistes qui étonnèrent leurs contemporains même, quoique accoutumés au vrai beau qui était, sans cesse, en action sous leurs yeux; qu'elle doit être fière, dis je, lorsqu'elle plane dans nos Muséum, autour de ces statues, de ces groupes, qui ne se glorifient jamais plus que de quelques traits de ressemblance avec des restes précieux que l'enthousiasme et une vénération religieuse contemplent sans cesse! Elle s'arrête sur ces savantes reliques, et de là elle crie aux artistes : « Quittez cette nature » dégénérée qui vous entoure; c'est nous qui » vous avons conservé le type des beautés » primitives, au travers des révolutions nom-

(1) Réflexions sur Raphaël, le Corrége et le Titien, etc., chap. 5.

» breuses qui en ont effacé la trace parmi les
» hommes. Etudiez donc auprès de nous, et
» consultez, sans cesse, les dépôts précieux
» que nous vous avons laissés. » C'est au milieu des Praxitèles de la Grèce et de Rome que les Bernin et les Pigal ont puisé leurs sublimes conceptions, comme le Barde allait chercher ses chants augustes et nerveux dans le silence religieux des forêts. N'importe : cette inspiration et l'enthousiasme qui en est le fruit, ne feront jamais faire aux modernes les prodiges qui sortirent des ateliers des Phidias et des Lysippe. Les anciens exprimaient le beau par instinct, par une impulsion naturelle : leur imagination ne recevait de toute part que l'empreinte du beau. Chez nous, il ne peut être que le fruit de l'étude et de la réflexion. Quelle différence dans ces deux causes !

Les artistes modernes sont sujets à s'égarer à chaque instant sous l'empire de l'éducation, des préjugés, de l'habitude de voir. L'image des objets qui frapent sans cesse leurs regards s'identifie avec leurs conceptions. Ils n'ont partout sous les yeux que la nature altérée sous mille rapports, ou ensevelie sous des amas de chiffons. Nos vêtemens ont détruit toutes les formes du corps humain ; les causes perpétuées de race en race, ont naturalisé les défauts avec l'espèce. Il n'existe plus de modèles façonnés par la nature. Les peintres ou les sculpteurs qui en ont pu rencontrer quelques-uns, s'y sont fixés, et de là cette uniformité dans les figures qu'ils nous présentent. L'Albane n'a peint que sa femme et ses enfans ; il a mieux aimé donner souvent les mêmes traits, que copier ailleurs la nature sous des formes indignes d'elle. Les artistes anciens voyaient les modèles se multiplier sous leurs yeux, et par-tout ils retrouvaient les formes originelles. Aussi le *beau* des anciens, qui n'était que la nature elle-même, n'est plus pour nous que le beau *idéal*, image vaine et changeante, qui reçoit l'empreinte des goûts individuels et se moule sous le coin des préjugés. Autrefois le beau n'était qu'un, et tous les yeux le reconnaissaient ; aujourd'hui chacun prétend le concevoir lui seul, et de ce qu'on le suppose partout, ne pourrait-on pas conclure qu'il n'existe peut-être nulle part ?

On vient de voir que, dans les divers âges de l'Art, les peintres en ont successivement étendu les moyens. Ces moyens sont aujourd'hui très-nombreux et les genres de peinture se sont multipliés en proportion du nombre des matériaux que l'Art s'est appropriés. C'est à l'aide de ces instrumens divers que la Peinture cherche à imprimer à ses productions le plus grand nombre possible des traits propres à ses modèles.

La Peinture regarde comme son domaine, non seulement tous les détails du grand théâtre de la nature, telle qu'elle se présente dans le calme ; mais elle s'attache aux scènes variées qu'y produisent le jeu des élémens et l'harmonie active qui s'y développe sans cesse, au mouvement actuel et visible ; et souvent même elle aspire à faire naître, par le pouvoir qu'elle exerce sur l'imagination, des sentimens qui ne sont que le produit de l'entremise des autres sens que la vue. Elle veut rendre sous le pinceau cette vie qui respire sur la physionomie de l'animal, le jeu de ses membres, la variété de ses attitudes ; elle veut peindre sur le visage de l'homme ses passions et son ame toute entière. Elle veut retracer les événemens, montrer l'homme en action et conter son histoire à la postérité. Enfin la Peinture veut imiter toutes les scènes physiques et morales qui peuvent se présenter à nos regards.

J'aime

J'aime à rencontrer dans un frais paysage le souvenir des sites enchanteurs qui ont pu me frapper, et me trouver ainsi tout-à-coup transporté, par le sentiment, sous des ombrages délicieux, auprès de quelque rocher pittoresque, ou au bord d'un clair ruisseau. J'aime encore à revoir l'image des villes, des palais, des ruines, des monumens divers que j'ai visités, et m'associer ainsi à la fois et à des instans écoulés, qui me donnèrent quelque jouissance, et aux époques reculées où la vue de quelques antiques débris fait reculer ma pensée. J'aime sur-tout à rencontrer l'image des grands hommes qui ne sont plus, de ceux qui honorèrent leur espèce par leurs vertus et leur génie; j'aime à retrouver les traits d'un ami ou de toute autre personne qui m'est chère. J'admire l'industrie humaine dans ces productions de l'Art; je le vois remplir utilement et avec vérité le but qu'il se propose; je bénis le génie créateur de l'homme qui me procure ainsi les jouissances les plus douces.

Mais je rencontre sur la toile le spectacle des élémens en désordre et de la nature agitée; je vois ailleurs des personnages en action et tout le développement d'une scène fugitive;

je me demande : « Est-il donc vrai que la
» Peinture puisse exprimer le mouvement ?
» est-il vrai qu'elle puisse faire un récit, et
» qu'un tableau devienne, pour ainsi dire,
» une des pages de l'histoire du genre hu-
» main ?..... »

Cette question s'est présentée plus d'une fois à mon esprit. Comme elle tient directement à mon sujet, j'en dirai deux mots. Puis-je espérer que mes réflexions n'auront point un air de paradoxe aux yeux de mes lecteurs ? Mais celui qui réfléchira bien sur la nature des choses et sur le vrai caractère de l'Art, et qui ne s'en tiendra pas sans examen à ce que décide l'opinion commune, pourra trouver quelque justesse dans mes observations, s'il commence sur-tout à se pénétrer de cette vérité, qu'en accordant trop à l'imagination, c'est nuire essentiellement aux progrès des arts, c'est fermer peu-à-peu la voie à tout jugement raisonné, c'est fournir au spectateur le moyen de trouver, dans les productions des artistes, mille beautés qu'elles n'ont pas, et d'y découvrir enfin tout ce qu'il peut y voir.

Le mouvement consiste essentiellement dans une série d'accidens qui se succèdent les uns aux autres ; chaque instant qui passe en amène un nouveau et change l'état des choses qui a eu lieu dans l'instant qui l'a précédé. Dans la Peinture, chaque objet conserve la place et la manière d'être que lui a données le pinceau de l'artiste. Je vois le tableau d'une tempête : je demande ce que signifie cette foudre suspendue dans les airs, tandis qu'elle devait frapper mes yeux avec la rapidité de l'éclair qui l'accompagne. Je vois des nuages dont la forme constante est loin de me présenter l'image de cette agitation violente qui doit régner dans l'atmosphère, et qui laisse à peine la trace fugitive de la nue déchirée et dispersée dans un instant. Je vois les arbres du rivage courbés contre terre, mais ils ne se relèvent point ; je ne vois point ce balancement de leur tige, ce frémissement de leurs feuilles, qui indiquent la lutte des vents.

Plusieurs écrivains ont déjà jeté quelques idées sur l'espèce d'impuissance que j'indique ici, mais aucun ne me paraît l'avoir sentie dans ses divers rapports, et nul que je sache n'en a développé les conséquences principales ; je m'y arrêterai un moment. Ce n'est point un vice que je prétends indiquer ici :

chaque art a son caractère particulier et des bornes fixes qu'une théorie sage devrait toujours poser avec précision, et qu'une pratique raisonnable ne devrait jamais franchir.

Il n'y a rien de successif dans la Peinture; elle ne peut rendre qu'un instant indivisible. Or, dans un instant indivisible, il n'y a pas de mouvement; on peut y voir tout au plus une tendance au mouvement. Voyez, je vous prie, ce cheval dont les jambes recourbées en arrière représentent l'attitude du galop. Je vois en effet ces jambes élancées, je vois cette crinière au vent; mais les pieds de l'animal correspondent toujours aux mêmes points du sol qui le supporte, et j'aperçois toujours la même distance entre lui et les objets qui l'environnaient dans le premier instant qu'il a frappé mes yeux. Si je le regarde deux instans de suite dans cette situation, son mouvement *immobile* me paraîtra une convulsion. Voyez ce char dont les roues, dit-on, sont peintes avec tant d'art, que les rayons, confondus dans une surface nébuleuse, présentent l'effet d'un mouvement rapide. Quant à moi, je crois voir des roues animées d'un mouvement local sur leur essieu sans être transportées ; tel est le mouvement d'une roue de moulin. Si j'éprouvais un moment quelque illusion, la correspondance permanente des roues sur le terrain m'aurait bientôt montré le vice de cette imitation. Mais, dira-t-on, le cheval ni le char ne peuvent se mouvoir, l'imitation ne peut aller plus loin, il serait ridicule de l'exiger? C'est précisément parce que cela ne se peut pas, qu'il ne faut pas le tenter. Il n'y a, selon moi, d'imitation raisonnable que celle qui se mesure à son objet, et qui peut en rendre du moins les traits essentiels; autrement c'est tomber dans des contradictions absurdes. Ceci me mène à une observation que je dois placer ici avant d'aller plus loin.

Je crois que l'objet d'une imitation est d'autant plus mal choisi, qu'il se compose d'un plus grand nombre d'effets de la compétence d'autres sens que celui auquel l'imitation s'adresse. Qu'est-ce que c'est en effet qu'une tempête muette, ou le spectacle d'une bataille qui se donne dans le silence? La vue de ces objets n'est propre qu'à me donner des sensations du genre de celles que doivent éprouver journellement ceux qui ont été privés accidentellement de l'ouïe;

On me dira, je le sais, qu'avec du sentiment on trouvera tout dans une telle peinture, et que l'imagination, ébranlée par le génie du peintre, complétera l'illusion. Mais, au lieu de voir dans un tableau des beautés qui n'y sont pas, j'aimerais mieux qu'il en contînt plus que je n'en saurais découvrir. La vue des convulsions qu'éprouve ce larron souffrant du tableau de Rubens, fait presque ouïr, dit-on, les cris qu'il doit pousser. Pline a dit, en parlant d'un tableau d'Apelle, qu'on entend le bruit du tonnerre. Ce peut bien être là, si l'on veut, le langage figuré de la poésie; ce peut être encore celui de l'enthousiasme qui sent vivement, mais est-ce celui de la vérité? Il est certain que la vue ou le récit de quelque événement nous associe aux circonstances qui l'ont accompagné et que notre imagination voit jusqu'aux détails qu'on n'a pas exprimés; elle lie les uns aux autres, à cause de leur coexistence à laquelle nous sommes accoutumés. La narration la plus triviale des tourmens d'un malheureux, me rappellera les cris de la douleur, et l'idée d'une tempête réveillera en moi tout l'ensemble du fracas qui l'accompagne; mais ici c'est mon imagination qui fait le tableau, et l'esquisse qui en a été l'occasion n'en est pas moins imparfaite. Ainsi l'on voit que l'imagination tend à diminuer la distance qui sépare la production médiocre de l'œuvre du génie ; elle met sur tous les deux un voile qui affaiblit à-la-fois les défauts de l'une et les beautés de l'autre.

S'il est des circonstances et des détails essentiels que la Peinture ne peut rendre dans certaines imitations, pourra-t-elle faire le récit d'un événement, d'une action quelconque ? Personne n'en a jamais douté, et l'on s'étonnera peut-être de la question que j'élève ici.

Je crois d'abord que le défaut de mouvement et de succession détruit tout caractère de récit ; et l'on ne me contestera pas le défaut d'accidens successifs dans la Peinture. J'ajouterai quelques réflexions. L'événement le plus simple a un commencement d'action, un développement et une issue ; il réunit des circonstances accessoires qui le précèdent, l'accompagnent ou le suivent. Un tableau ne pourra présenter que les accidens simultanés qui, par leur coexistence, sont liés à l'action principale ; il faut que le peintre écarte tous les autres ou en fasse autant de sujets séparés qui seront alors des épisodes détachés, pris dans un moment fixé. Les divers tableaux ne présenteront alors que des faits isolés et tranchans ; les nuances intermédiaires disparaîtront : il est hors du pouvoir de la Peinture de les rendre.

Mais voyez seulement les inconvéniens qui se présentent dans la représentation d'un seul de ces faits, indépendamment de leurs relations entre eux. Vous ne verrez dans le tableau que cet état primitif des choses, tel qu'il était au moment où le peintre l'a saisi. Les personnages sont dans un premier essor d'action qu'ils ne franchissent point ; celle de l'un ne s'achevant pas, je ne verrai point l'influence qu'elle aurait produite sur celle des autres, et le changement de scène qui en serait résulté. Je le répète, il n'y aura ici qu'un seul instant d'exprimé, et il faudrait que mon coup-d'œil fût aussi prompt que la pensée du peintre ; car si je regarde quelques instans de suite le mouvement d'un seul instant, ce mouvement cesse d'en être un, et ce n'est plus la nature animée que je vois.

Mais si des circonstances secondaires accompagnent l'action principale, l'observation devient plus difficile encore : elle le devient en proportion du nombre des détails que le peintre a accumulés, et je ne sais plus par où commencer pour en faire la revue successive. Ne semble-t-il pas que l'artiste ait commandé à chaque personnage de rester dans la situation où il l'a mis, jusqu'à ce que le spectateur ait parcouru tous les détails pour saisir les rapports de chaque partie avec l'ensemble et leur ordonnance réciproque entre eux? Je ne puis mieux faire sentir ce que je veux dire qu'à l'aide de quelques exemples.

J'ai sous les yeux un tableau qui représente six petits amours travaillant à forger les traits dont les malins veulent meubler leurs carquois. Deux sont occupés à la forge : le premier enfonce le bout de son trait sous le charbon, le second en porte un tout échauffé sous l'enclume, il y est déjà. Deux autres ont le marteau levé pour frapper, mais leurs mouvemens sont différens : l'un vient seulement d'élever les bras, et l'autre est déjà prêt à laisser tomber les siens. Les deux derniers sont auprès d'une meule destinée à affiler ces armes dangereuses et à leur donner le dernier poli : l'un les frotte de toute sa force sur le grès, tandis que l'autre met déjà dans le carquois les traits achevés.

Voilà le tableau tel que l'artiste a eu l'intention de le faire; mais le voici tel qu'il est réellement. Le premier enfant, immobile vers la forge, ne change point de place avec celui qui est auprès de l'enclume : il a pu changer avant mon arrivée, ou il changera après mon départ; telle est la supposition que je puis faire et d'après laquelle je ne dois pas m'arrêter sur ce premier groupe. Le second trait est sur l'enclume, mais les marteaux que je vois d'abord levés avec un effort qui me fait pressentir leur chute violente, ces marteaux demeurent en l'air et les muscles des jeunes forgerons restent dans un état de contraction qui me fait souffrir. Celui qui tient le carquois présente à son ouverture la pointe d'un trait qui ne s'enfonce pas. Si c'était par une résistance qui s'opposât à la pointe du trait, et qu'il fallût donner à entendre que c'est à cause de cette résistance qu'il n'entre pas, je crois que l'artiste serait très-embarrassé de mettre quelque différence dans ces deux circonstances. A la vue du tableau que je vous présente, ne vous semble-t-il pas voir tous ces petits personnages postés là pour exécuter une scène dont on a disposé les détails, en indiquant à chacun le rôle qu'il doit remplir, l'attitude dans laquelle il doit commencer, et qui attendent le moment du signal pour partir tous ensemble? Je ne sais si j'ai tort de raisonner ainsi, mais tous les tableaux d'action, dans le genre de celui-ci, feront à coup sûr le même effet aux yeux du vulgaire.

Les anciens sont tombés fréquemment dans ce défaut; mais le sentiment du vrai les ramenait invinciblement au caractère naturel de l'Art. Voyez avec quel soin ils ont évité les extrêmes! Nulle part vous ne trouvez chez eux ces attitudes trop mouvantes, ces situations exagérées, ces expressions forcées, qui, par leur durée, fatiguent la vue et l'esprit. Les modernes, dit le chevalier d'Azara, ne sont souvent que matière et action : les Grecs étaient tout sentiment et repos.

Je ne citerai qu'un autre exemple. On connaît l'épisode d'Herminie rencontrant quelques bergers qui, effrayés d'abord de son attirail militaire, se rassurent ensuite, lorsque Herminie a ôté son casque et leur a montré son beau visage. Le Guerchin a fait un tableau de ce sujet; il a peint Herminie dans un bocage, deux bergers qui fuient et un autre qui se réfugie dans les bras d'un vieillard. « Composition ridicule, dit-» on ! Herminie a ôté son casque, et ces ber-» gers ont peur (1) »! Ce n'est pas la faute de la composition ; il fallait d'abord regarder les bergers et ensuite Herminie, pour se conformer à l'ordre des accidens ; mais on aurait ensuite retrouvé les bergers effrayés comme auparavant : il faut avouer que cette frayeur est embarrassante. Que pouvait donc faire le Guerchin ? rassurer les bergers, ou laisser le casque à Herminie? Mais, dans les deux cas, la scène était incomplète et le tableau du poëte était manqué. Vous voyez ici l'impuissance de l'Art, qui, ne pouvant représenter deux instans consécutifs, est obligé de cumuler les actions et de dénaturer le récit.

Mais que dirons-nous de ces corps peints au milieu de leur chute, de ces cascades destinées à représenter le mouvement rapide et le fracas des eaux qui se précipitent (2)? de

(1) Lettres sur l'Italie. *Lett.* 67.

(2) Je n'entends point bannir des tableaux de paysage

ces hommes, de ces animaux que l'on dit marcher? de ces oiseaux qui volent et qui paraissent pris dans des filets où ils sont retenus? de ces barques où l'on voit les pénibles et inutiles efforts des rameurs? Que dirons-nous de ces portraits qui nous présentent des visages dénaturés par un rire forcé et continuel, ou telle autre convulsion plus ridicule encore; enfin de tous ces mouvemens sans mouvement, qui n'ont l'air que d'un jeu paralysé subitement, au moment où il allait se développer? Ce défaut de succession ne laisse à chaque objet d'un tableau qu'un seul caractère, qu'un seul effet à exercer; et une fois que le peintre a imprimé à cet objet les traits qu'il lui a assignés, son expression est déterminée pour tout le tems que dure l'action, ou plutôt pour tout le tems que l'action frappera l'œil du spectateur.

Or, lisez la description que fait Dupaty du tableau de l'incendie *del Borgo* à Rome, par

les cascades et toutes chutes d'eau, qui peuvent si fort ajouter à l'effet et augmenter l'intérêt; mais je voudrais qu'elles y fussent placées sous un point de vue tel, que la distance fût censée affaiblir ou effacer les détails du mouvement.

Raphaël; vous y verrez *les progrès de la flamme*, la *foule qui court, s'amoncèle*, et fait retentir l'air de ses cris; vous trouverez la *fureur et le bruit* des vents agités : vous trouverez ensuite le peuple qui *se tait*, qui *prie*, le vent qui *s'appaise* et la flamme qui *s'éteint*. Cela vous montrera jusqu'où peut égarer l'enthousiasme. Tel est pourtant à-peu-près le style de toutes les descriptions de tableaux, faites par nos artistes ou nos amateurs : vous diriez, à les entendre, que la Peinture présente à leur place tous les incidens et tous les détails successifs des événemens, et qu'un tableau est une image complète de ce qui se passe en réalité.

Plus j'y réfléchis, moins je reconnais dans la Peinture le caractère de la narration. Dans celle-ci, les faits sont ordonnés selon leur marche naturelle, ils se succèdent et forment une chaîne non interrompue; l'esprit arrive sans effort aux événemens, et les personnages se montrent d'eux-mêmes. Dans celle-là, au contraire, vous verrez toujours les objets se présenter simultanément; vous ne pourrez les observer en détail qu'en les prenant au hasard les uns après les autres. Les personnages ne peuvent avoir d'ailleurs d'autres traits caractéristiques, qu'une certaine expression et le concours des circonstances qui les entourent; la Peinture ne nomme personne, à moins que les peintres ne parviennent à donner à toutes leurs figures cette ressemblance que donna, dit-on, Panœnus aux principaux chefs de la bataille de Marathon: ressemblance inutile encore aux yeux de celui qui ne connaîtrait pas d'avance les traits de chaque personnage. A quels caractères pourrai-je donc reconnaître le sujet d'un tableau? Sera-ce au costume et aux circonstances dont je parle? Mais cela suppose encore une connaissance antérieure du sujet. Ainsi la Peinture ne peut m'apprendre ce que j'ignore: elle ne peut que rappeler à ma mémoire ce qui m'était connu d'avance. Je lirai, si l'on veut, sur les visages l'espèce de sentiment qui anime les acteurs d'un événement; mais je n'entends pas leur langage: ces dialogues sublimes, ces expressions nobles, ces sentences profondes, qui font souvent tout le beau d'une action, ne peuvent être rendus par la Peinture. Elle pourra me présenter, dans Sertorius et Pompée, toute la grandeur et toute la fierté romaine; je verrai sans doute deux héros; mais je ne pourrai que soupçonner le ton de leur langage, sans avoir aucune idée du sujet de leur entretien, à moins que je ne connaisse parfaitement les personnages et les circonstances, et que je n'aie appris ailleurs ce qu'ils ont à se dire. Combien de tableaux historiques sont, par cette raison, inintelligibles pour la plupart des spectateurs! il faudrait, suivant le précepte du célèbre Mengs, « qu'on pût reconnaître l'histoire par l'expression, et n'être » pas obligé de rechercher l'expression dans » l'histoire »; mais pourra-t-on jamais atteindre à ce degré de vérité (1)?

Je demandais tout à l'heure si le costume et les circonstances ne peuvent pas aider le spectateur à se reconnaître; mais fût-il même très-versé dans l'histoire, combien n'est-il pas exposé à être trompé par ces mêmes circonstances? combien ne sont-elles pas insuffisantes? Les batailles d'Alexandre peuvent être celles de Philippe aux yeux de celui qui n'a jamais vu l'une des têtes d'Alexandre. Il suffit d'une application de la

(1) « Les trois quarts des spectateurs, qui sont d'ailleurs » très-capables de rendre justice à l'ouvrage, ne sont » point assez lettrés pour deviner le sujet du tableau ». (*Dubos, Réfl. crit. sur la poés. et la peint.*)

part

part du spectateur, qui verra se plier facilement à son idée les détails même les plus propres au sujet d'intention. D'ailleurs, je le répète encore, la composition la plus riche ne peut représenter qu'un seul fait isolé et indépendant : nouvelle cause d'obscurité dans un récit quelconque. Or, voyez combien de frais d'exécution pour le récit d'un instant ! et je vous demande quelle galerie pourrait contenir assez de tableaux pour rendre l'événement le plus simple dans tous ses détails successifs ? Voyez combien il en a coûté au Guerchin pour ne peindre que le réveil d'Herminie. Que serait-ce, s'il avait voulu traduire ainsi tous les tableaux du Tasse ? D'ailleurs où serait la liaison de ces peintures détachées ? et quand tous les obstacles seraient vaincus, si jamais il était possible de les vaincre, que signifierait encore le travail du peintre aux yeux de celui qui n'aurait jamais lu le poëme du Tasse ?

Un tableau peut bien être un épisode, un fragment poëtique ; mais jamais la Peinture ne rendra cet ensemble de faits qui composent une action et la conduisent à son dénoûment. Comment y parviendrait-elle, si l'image la plus simple peut braver tous ses moyens ? Je vais m'expliquer. Lisez, je vous prie, les vers suivans :

On prétend qu'au premier intrus
Prête à livrer querelle,
La Jalousie aux yeux d'Argus
Va faire sentinelle,
Et que ce garde sans pitié
Chassera jusqu'à l'Amitié.

Voilà certes un tableau fait à bien peu de frais, mais dont la composition, nette et sans équivoque, présente une image naturelle, facile à saisir dans tous ses détails, et qui plaît, tant par sa justesse que par sa brièveté. Comment un peintre s'y prendra-t-il pour faire de cette idée une composition allégorique? D'abord je ne parle pas du tems qu'il emploierait à concevoir l'ensemble de son tableau et à l'exécuter. Mais comment peindra-t-il la jalousie? quel attirail ne faudra-t-il pas donner à ce personnage pour le faire reconnaître? Comment rendra-t-il la seule idée que renferment les deux premiers vers, en faisant bien discerner d'ailleurs que l'Amitié même n'est pas épargnée par le monstre? Se contentera-t-il de peindre le factionnaire tout seul, en supposant que sa présence fait suffisamment naître l'idée de tout ce que peut faire la Jalousie ? Cette idée se présentera sans doute à l'esprit, mais elle sera vague et beaucoup trop généralisée ; il s'agit de rendre ici un degré déterminé de jalousie particulière. Le peintre n'aura dit qu'un mot : « Ici habite un jaloux ». Quel gré pourrai-je savoir au peintre, dans les deux cas, d'avoir employé autant de tems, de travail et de talent, pour me présenter une idée que quelques mots pouvaient faire naître en moi? Je n'ai pas besoin de faire remarquer quelle richesse facile et inépuisable présente à cet égard l'art de la parole, et avec quelle rapidité il peut multiplier et varier ses tableaux.

Les moyens qui naîtraient d'une progression successive de pensées et de détails dont la Peinture est privée, la Poësie et la Musique les possèdent au suprême degré, et ce n'est qu'avec ce secours qu'elles produisent leurs plus grands prodiges. On ne pénètre souvent que peu-à-peu dans notre ame ; il est pour elle telle situation dans laquelle la rencontre d'un objet imprévu n'a que peu ou point de prise sur elle, suivant l'espèce de préoccupation plus ou moins disparate avec cet objet, où elle se trouve ; suivant le ton, pour ainsi dire, auquel elle est montée. C'est alors qu'il faut d'abord s'emparer de l'attention, et ébranlant l'ame par degrés, la conduire, par des agitations successives, à cet état de crise où il suffit souvent d'un seul coup, pour lui donner enfin la commotion la plus violente. Tel un mur solidement assis résiste d'abord de toute sa masse au choc qu'il reçoit ; mais si l'on s'est occupé d'en soustraire peu-à-peu les fondemens, il tombe ensuite au premier effort. C'est ainsi que le *fortissimo* de la belle ouverture de *Démophon* ne serait qu'un fracas insupportable, sans le développement des sombres tableaux qui le précèdent. Mais l'auditeur, remué d'abord par des accords sinistres, se prête à une agitation douloureuse dont il ne prévoit pas encore l'issue ; peu-à-peu il pressent qu'il va être fortement ébranlé ; il frissonne, et ce pressentiment double d'avance l'effet que doit produire la suite de ce qu'il entend. Enfin, soit effet naturel du tableau, soit prestige même de la terreur, l'explosion porte le désordre à son comble et produit dans l'ame un trouble et un déchirement inconcevables. Voilà ce qui assure aux poëtes et aux musiciens des succès éclatans et un empire que les peintres, malgré tout leur génie, n'atteindront jamais. Nous en disons autant de l'art du sculpteur, auquel peuvent s'appliquer toutes les observations que nous avons faites jusqu'ici sur la Peinture.

Les tableaux de la Poësie et de la Peinture me paraissent différer encore en ceci. Les premiers ont dans leurs détails quelque chose d'indéterminé qui les rend également applicables à plusieurs objets distincts du même genre ; il suit de là que l'objet de l'imitation reçoit sa physionomie et son caractère de l'imagination même et du génie de l'auditeur. Le poëte, qui connait les portes de l'ame et qui sait par quels ressorts on ébranle tout le système de l'imagination, produit les plus grands effets ; mais c'est moins par les choses qu'il dit lui-même que par celles qu'il fait penser à celui qui l'écoute : il le met sur la voie, et c'est ce dernier qui est le peintre. Le poëte présente une peinture généralisée dont l'objet se plie à la sensibilité et à l'imagination de l'auditeur, et s'agrandit ou s'embellit en proportion de cette sensibilité ; telle est presque toujours la cause du sublime qu'on y trouve. Une peinture poétique dont les images puisées dans la nature n'ont d'ailleurs rien de déterminé, laisse à l'auditeur la faculté d'y répandre tout le beau idéal que son imagination lui fournit; et, fortement ébranlé par le tableau qu'il vient d'achever, il admire sans s'en douter son propre ouvrage, et loue dans la poésie le produit de sa propre sensibilité.

Il n'en est pas ainsi des tableaux du peintre. Celui-ci ne parle à l'imagination que par l'entremise directe et actuelle des sens, et met ainsi des bornes à son activité. Il détermine les formes, les détails et l'ensemble de son objet et laisse peu de caractère au spectateur pour en étendre la composition. L'œil y chercherait vainement les beautés que le peintre n'y a pas mises : les objets sont jugés d'après ce qu'ils sont, et le tableau paraîtra mauvais, précisément en proportion de la sensibilité du spectateur, lorsque cette sensibilité ne sera pas satisfaite. Et comment le serait-elle? le peintre avait-il dans son ame tous les sentimens de la nature? pouvait-il espérer de rendre le modèle dont chaque imagination voudrait retrouver les traits? Il a peint à sa manière; mais sa manière de sentir n'est peut-être celle d'aucun autre.

Pour faire entendre ce que je veux dire, je présenterai le tableau suivant :

Si le ruisseau, des bois emprunte la parure,
La rivière aime aussi que des arbres divers,
Les pâles peupliers, les saules demi-verts
Ornent souvent son cours. Quelle source féconde
De scènes, d'accidens ! Là j'aime à voir dans l'onde
Se renverser leur cime, et leurs feuillages verts
Trembler du mouvement et des eaux et des airs.
Ici le flot bruni fuit sous leur voûte obscure,
Là le jour par filets pénètre leur verdure.
Tantôt dans le courant ils trempent leurs rameaux,
Et tantôt leur racine embarrasse les flots.
Souvent d'un bord à l'autre étendant leur feuillage,
Ils semblent s'élancer et changer de rivage.
Ainsi l'arbre et les eaux se prêtent leur secours :
L'onde rajeunit l'arbre et l'arbre orne son cours ;
Et tous deux, s'alliant sous des formes sans nombre,
Font un échange heureux et de fraîcheur et d'ombre (1).

Que de charmes une imagination sensible ne trouvera-t-elle pas dans cette peinture ! comme elle multipliera, rapprochera, combinera les beautés variées dont ces vers lui feront naître l'image ! On rassemblera dans ce moment tout ce qu'on aura rencontré dans la nature de sites enchanteurs et d'ombrages

---

(1) Les Jardins. *Chant III.*

délicieux. Qu'elles sont vives les couleurs de l'imagination ! comme cette toile s'anime !....

Mais que le peintre s'empare de ce sujet et le fixe sous son pinceau. Nous verrons une eau qui serpente dans les sinuosités de son lit ; nous verrons des arbres, des feuillages variés, de l'ombre, etc. Ce tableau sera celui d'un seul paysage, dont les objets une fois déterminés ne permettront pas au spectateur d'en varier le nombre et les combinaisons. Il ne verra, malgré l'activité de son imagination, que ce que le peintre aura voulu lui montrer, ou plutôt il verra moins en proportion de cette activité. Si la copie est restée en deça du modèle qu'il s'était formé d'avance, son imagination mal satisfaite se repliera sur elle-même pour jouir du tableau qu'elle avait créé.

Quant aux objets dans lesquels on ne cherche que la forme matérielle, on veut y trouver la nature dans toute sa vérité ; or que de travail ne faut-il pas de la part du peintre, pour atteindre à cette vérité? Mais le poëte qui nomme l'objet, s'il ne le détermine pas avec précision, n'en altère pas du moins la figure, ce qui est déja un grand point, et laisse à l'imagination le soin et la liberté d'en composer les traits; celle-ci ne manque jamais la ressemblance et se retrace toujours l'objet tel qu'il est dans la nature.

D'après les observations que nous venons de faire, dira-t-on que la tâche du poëte est plus facile à remplir que celle du peintre? Ce n'est pas là la conséquence que nous tirerons, elle me paraîtrait hasardée. Mais ce qui résulte évidemment de ces observations, c'est que le but qu'ils doivent se proposer tous les deux, n'est pas le même, et qu'à mérite égal dans l'exécution, ce but peut souvent être atteint plus réellement par l'un que par l'autre.

On a trop abusé de la comparaison de la Poésie avec la Peinture. On se convaincrait bien mieux de cette vérité, si nous étendions sur d'autres points de rapprochement le parallèle de ces deux arts; mais je n'ai pas entrepris ce parallèle, il a déjà été fait avec plus de succès, sans doute, que je n'en pourrais obtenir : je n'ai dû m'occuper que de l'espèce de comparaison qui se trouvait liée à mon sujet. Lessing, dans sa dissertation ingénieuse sur les limites de ces deux arts, me paraît avoir donné souvent beaucoup trop d'avantages à la Peinture dans la représentation des faits; et il est forcé de revenir lui-même sur son opinion, lorsqu'il compare le tableau que nous présente Homère de la belle Hélène, entrant dans l'assemblée des Troyens, et excitant l'admiration même de la froide vieillesse avec le tableau du même sujet, que Caylus suggère aux artistes. « Ces vieillards, » dit Lessing, seraient de vieux fous, des » personnages insipides, dans le tableau du » comte de Caylus. » En effet, la Peinture peut rendre insignifians, déplacés, ridicules même, les mouvemens les mieux conçus, par la suppression nécessaire des accidens qui les ont précédés ou qui ont dû les suivre. Le génie du Poussin est si rare ! Et le génie du Poussin serait encore impuissant dans le cas que nous venons de citer.

Si la Peinture ne peut pas exprimer le mouvement physique, ni atteindre cette succession d'accidens qui constituent un fait, je crois que la nature en repos n'est pas non plus universellement de son ressort. Dans le système harmonique des objets naturels, il est des distances que l'Art ne peut remplir; semblables à ces sons éloignés qui dépassent l'étendue de tous les instrumens réunis. Tout comme il est pour l'oreille des sons que l'Art ne peut apprécier, il est également dans la nature visible des traits pour lesquels l'Art manque de matériaux. Combien ne doit-on pas blâmer les efforts indiscrets de ces artistes qui entreprennent hardiment de peindre le soleil dans les airs, avec tout l'appareil de lumière qu'il verse sur l'horizon! Si vous voulez sentir toute l'absurdité de cette prétention, voyez quel ton le peintre est obligé d'employer dans l'ensemble de son tableau, pour donner quelque effet à la faible lumière d'une lampe ! Et remarquez qu'il est encore obligé de se servir du concours des circonstances extérieures; n'est-il pas forcé de recourir à un jour emprunté, et de placer son ouvrage dans l'ombre, pour le soustraire aux rayons directs de la lumière, de peur de montrer à découvert la faiblesse de son Art qui ne pourrait les soutenir? Quelle sorte de relation établira-t-il donc entre le disque du soleil et le reste du tableau? quel est l'œil qui a jamais pu supporter en face ses rayons étincelans? Et s'il est si loin de les soutenir dans la nature, quelle invraisemblance n'y a-t-il pas à les lui présenter impunément dans un tableau?

Le peintre peut être poëte à son tour, et il doit souvent l'être. Il peut aspirer à des imitations sublimes, et les diverses impuissances dont nous avons parlé, qui, j'aime à le redire encore, ne sont point celles de l'artiste, mais celles de l'Art qui ne saurait les vaincre, quelque parfait qu'on le suppose, ces impuissances, dis-je, laissent au peintre un champ bien vaste dans l'ordre physique et dans l'ordre moral, pour exercer son génie. Que de scènes grandes, imposantes, terribles, qui souvent ne sont sublimes que par l'immobilité qu'elles présentent! Que de sentimens énergiques, exaltés, qui ne se manifestent que par le silence, par un repos dont l'éloquence ébranle les spectateurs! telles sont toutes les grandes passions, telles sont toutes les affections profondes de l'ame! Il est d'autres situations plus tempérées qui sont complétement du ressort de la Peinture, et qui peuvent faire le plus grand effet. Le tableau si connu de *l'Arcadie* pourra donner une idée de ce que je veux dire; tel est encore celui que Fénélon fait décrire au Poussin dans un dialogue de ce grand peintre avec Léonard-de-Vinci, en retranchant toutefois les scènes du lointain, qui ne sont que des accessoires au choix de l'artiste, et qui peuvent être remplacées très-avantageusement par d'autres accidens,

Je suis loin d'adopter ici l'opinion de ceux qui, tombant dans un extrême exagéré, prétendent que la Peinture ne peut rien rendre avec vérité, et sur-tout qu'elle n'atteindra jamais d'expression morale. Je sais que tout le pouvoir de l'Art ne peut souvent exprimer que très-imparfaitement la nature; par exemple, il est digne du génie de saisir et d'exprimer la nuance passagère qu'imprime aux traits du visage telle ou telle affection vive de l'ame; mais si cette nuance est de nature à disparaître comme l'éclair, la fixer sur la toile, c'est faire un contre-sens : l'expression prolongée d'une passion fugitive, n'est plus qu'une grimace; si je contemple cette figure deux momens de suite, je ne vois plus qu'une tête pétrifiée subitement dans le moment où vous en avez saisi les traits.

Cela est vrai pour les affections de cette espèce; mais il en est tant d'autres que le caractère de l'Art peut admettre, et dont l'artiste judicieux peut s'emparer, que l'exclusion de celles que nous indiquons, sans donner la moindre entrave au génie, ne fait que repousser des sujets indignes de son pinceau. Peignez donc le mouvement moral, mais que ce soit toujours à la manière des anciens. Peignez encore le mouvement physique qui peut se concilier avec les moyens de l'Art ; mais renoncez à des prétentions vaines, et laissez toutes ces exagérations, qui, loin de prouver la force de l'Art, ne tendent qu'à démontrer son impuissance.

Si la Peinture peut rendre certaines agitations de l'ame, elle peut sur-tout s'approprier cette foule de sentimens, de passions, de situations diverses, qui impriment à la physionomie un caractère plus ou moins durable. On peut voir un exemple d'une composition de ce genre, même très-chargée de détails, dans le tableau de *Jephté* d'Antoine Coypel (1). C'est en fesant le choix de situations pareilles, que l'artiste pourra espérer d'imiter la nature ; et je crois qu'alors il peut la rendre dans toute sa vérité. Je crois

(1) Un amateur distingué, défenseur éclairé des vrais principes de l'Art, m'a reproché d'avoir cité avec éloge, parmi les modernes, *Antoine Coypel*, dont le système, dit-il, égara trop long-temps les artistes français : je le prie de me permettre une observation. D'abord, il m'eût paru injuste d'oublier l'artiste dont il s'agit dans l'énumération des peintres français, qui fait partie de l'exposé historique des progrès de la Peinture. Quant à la citation du *Tableau de Jephté*, à laquelle je n'ai rien changé, et

que le peintre peut exprimer toutes les affections permanentes de l'ame; je crois qu'il peut nous offrir les grands hommes avec tout leur génie, et, quoi qu'on en dise, nous montrer le *front d'Héloïse* et *le regard de Rousseau.*

La Peinture pourra puiser des scènes morales dans l'histoire entière du genre humain; par-tout elle en trouvera de nature à être mises sur la toile. Le spectacle et l'étude de la nature physique lui fourniront les détails propres à embellir, étendre, varier ses tableaux, et à exciter, soit par eux-mêmes, soit par leur concours avec les accidens moraux, tous les genres de sentimens, d'ébranlemens, de passions, qui peuvent être produits accidentellement en nous.

Le peintre est le copiste de la nature:

---

qui est, comme l'on voit, dépourvue de tout éloge de l'artiste et du mérite technique de son ouvrage, cette citation ne se trouve ici que pour donner au lecteur une image sensible de certaines classes de sujets que j'ai voulu indiquer. Je n'ai pas même prétendu parler de la composition du tableau, mais uniquement du choix de la scène. Or un artiste, quelque médiocre qu'on le suppose, peut souvent choisir un bon sujet: Pradon n'a-t-il pas voulu faire une tragédie de *Phèdre*, comme Racine?

mais la nature et les hommes seront-ils donc ses seuls modèles ? et la Peinture ne pourra-t-elle point, comme la poésie, franchir l'horizon des possibilités, et chercher dans un autre ordre de choses, des beautés nouvelles et des richesses dont la fiction semble lui présenter des sources fécondes et multipliées? D'abord j'aurais beaucoup de choses à dire sur les préceptes donnés à cet égard aux poëtes modernes par le législateur de notre Parnasse : je me bornerai à quelques observations.

L'introduction des divinités et de tout le fatras mythologique des anciens dans la poésie moderne sérieuse, me paraît un anachronisme, une discordance de faits, qui ne peut avoir de prise sur l'imagination. En confondant ainsi les âges et les générations, on travestit les hommes et les choses, on dénature les physionomies et les caractères, on ôte à la vérité des ornemens, que l'on trouve froids parce qu'ils sont naturels, pour lui en donner de ridicules (1). En lisant un poëte moderne, je crois voir un peintre

(1) « On a si souvent, dit Sulzer, blâmé, justifié, excusé et loué les poëtes sur ce sujet, qu'on peut mettre

qui,

qui, ayant à représenter la bataille de Fleurus, se pénétrerait bien de cette idée fondée sur le sentiment, que les vêtemens antiques figurent beaucoup mieux sur la toile que les formes anguleuses et bizarres de nos habits, que le bouclier, la lance et le carquois font un effet plus pittoresque que le mousquet et la giberne; et qui, poussant ainsi successivement la comparaison, mettrait ses observations en pratique. Il donnerait donc aux héros français la cuirasse, la cotte d'armes et le casque, et aux ennemis le manteau et le bonnet phrygien, ou l'attirail des soldats de Xerxès. Il substituerait les chars antiques aux tombereaux de nos ambulances, les traits jetés dans les airs et le choc des lances et des cimeterres, qui laissent voir tous les détails du spectacle, aux feux de nos bataillons et au fracas de notre artillerie, qui couvrent l'horizon de fumée, obscurcissent la scène et confondent tous les objets. Ce coloris antique, appliqué à un tel sujet, n'en rendrait-il pas la composition ridicule?

---

l'usage qu'ils font de ces images au rang des artifices équivoques de la poésie ». (*Théorie génér. des beaux-arts.*)

Nous ne pouvons pas supposer que nos poëtes aient l'imagination meublée des mêmes objets que les poëtes grecs ou latins; ils ont à parler à des hommes qui ont aussi des opinions, des sentimens, des mœurs, des goûts différens. Les poëtes anciens se conformaient à la croyance de leurs contemporains, et leurs images étaient naturelles. Quand nous les lisons, nous nous rapprochons d'eux par la pensée de toute la distance qui nous en sépare, nous nous transportons parmi leurs auditeurs, et nous nous mêlons, pour ainsi dire, dans la foule. Mais, en revenant chez nous, où l'on est loin de croire à la réalité de ces messages de divinités, de ces combats de dieux et de génies aëriens, comment pouvons-nous voir avec intérêt des objets de ce genre associés à des événemens modernes? Sans comparer les tems ni les peuples, sans tenir compte des convenances que la raison exige, nous nous croyons obligés de copier servilement les anciens, et de les copier dans tout ce qu'ils ont fait. Cette extrême confiance peut nous écarter à chaque pas des règles du bon goût.

Virgile a fait descendre Enée dans les Enfers, et lui a fait annoncer gravement les destinées et la gloire de ses prétendus descendans. On dit qu'Octavie, sœur d'Auguste, s'évanouit à cette lecture lorsqu'il fut question de son fils Marcellus, et qu'elle fit compter au poëte dix sesterces par chaque vers. Voltaire a aussi fait descendre Henri IV dans les Champs-Elysées. Mais, s'il y avait des Champs-Elysées pour les Romains, il n'y en avait pas pour les Français, et je doute fort que Voltaire, avec ses prophéties après coup, eût eu le même succès à la cour de Louis XV que Virgile à celle d'Auguste (1).

Une merveille absurde est pour moi sans appas.

Si les personnages et le merveilleux de la fable sont déplacés dans des scènes qui appartiennent à des tems postérieurs au

---

(1) On peut s'en instruire de lui-même par l'impromptu suivant qu'il fit après la représentation de sa *Reine de Navarre*, qui lui valut la place d'*historiographe* de France :

Mon *Henri quatre* et ma Zaïre,
Et mon américaine Alzire
Ne m'ont valu jamais un seul regard du roi.
J'avais mille ennemis avec très-peu de gloire ;
Les honneurs et les biens pleuvent enfin sur moi
Pour une farce de la foire.

règne de ces fictions, je crois qu'ils le deviennent d'autant plus que les événemens auxquels on les lie se rapprochent davantage des jours où nous vivons et des objets qui frappent journellement nos yeux. Aussi j'ai peine à croire que les gens de goût voient avec intérêt, dans un poëme qui a paru depuis peu, le *Dieu du Rhin* qui soulève ses flots contre les Français en s'y jetant lui-même à la nage, et la *Discorde*, cette courrière perpétuelle des poëmes modernes, sortant d'un nuage et apparaissant à l'archiduc Charles, au milieu d'un conseil de guerriers qui la plupart sans doute vivent encore, apparaissant, dis-je, sous les traits du prince Eugène qui vient gourmander ce chef de l'armée autrichienne sur son intention à accepter des propositions de paix. Un poëte qui veut employer avec succès des fictions de cette espèce, doit chercher ses sujets plus loin de lui. Nous aimons à voir le merveilleux de l'antiquité sous le point de vue qui lui convient, et ce n'est qu'en fuyant dans le lointain avec les époques auxquelles il fut associé, qu'il nous devient supportable. Les fictions poétiques me paraissent ne pouvoir plus convenir aujourd'hui qu'au genre comique, dans lequel elles peuvent faire un effet merveilleux, ou si l'on veut encore, dans toute espèce de genre tempéré; mais toute poésie noble qui doit se distinguer par une grande manière et par des ressorts avoués de la raison, tombe dans le ridicule, dès qu'elle emprunte des moyens qui n'ont plus aucune espèce de fondement (1).

La Peinture me semble moins propre encore à comporter des objets de ce genre. Elle est faite pour parler aux yeux; elle ne doit leur présenter que ce qu'ils sont dans le cas de pouvoir rencontrer. Les facultés des sens sont plus resserrées que celles de l'imagination. Celle-ci peut donner une sorte de consistance aux objets qui n'en eurent jamais; elle crée des formes qui n'existent point, et il n'est presque pas de point reculé que l'on puisse fixer comme le terme de ses conceptions. Ainsi il est plus facile de lui en imposer, et l'on peut à peine dépasser à son égard les bornes de la vraisemblance. D'ail-

---

(1) « A présent que les fictions sont rebattues, la poésie descriptive a bien plus de mérite et de gloire à peindre la nature toute nue, qu'à l'envelopper de ses voiles depuis long-temps usés ». (*Marmontel*).

leurs les images qu'on lui présente sont fugitives, leur trace s'efface promptement, et l'esprit tolère facilement des fantômes en faveur de leur existence éphémère. Mais si vous donnez un corps à ces fantômes, si vous les fixez sous des traits permanens, le mensonge révolte par sa constance, il importune la raison. Que signifient en effet des êtres chimériques que je connais pour tels et qui usurpent à mes yeux les traits d'une existence réelle? quelle illusion peuvent produire de semblables objets?

Les désirs infinis que l'homme porte dans son cœur et qui l'agitent sans cesse, ont passé dans tous les actes de ses facultés; ils le portent par-tout au-delà du terme, et le trompant à chaque instant sur le pouvoir de ses propres forces, ils l'empêchent de mesurer ses prétentions sur l'étendue de ses moyens. Ces prétentions exagérées se sont glissées dans la culture des arts, comme dans tous les autres exercices de l'intelligence humaine, et la limite des arts a été franchie. Les bornes de leur pouvoir une fois méconnues, on leur a supposé des moyens universels.

La vraisemblance en Peinture est incompatible avec le merveilleux. En vain voudrait-on parler d'une vraisemblance relative qui résulte de la convenance réciproque d'accidens pris dans un ordre de choses déterminé, indépendamment de tout rapport de cet ordre de choses avec celui de la nature; cette vraisemblance n'en sera jamais une en Peinture, malgré toutes les suppositions du peintre et du spectateur : une proposition absurde, pour être une juste conséquence d'un faux principe, n'en est pas moins une erreur. L'imagination des anciens a pu se prêter à des scènes merveilleuses; ils ont pu se représenter, en lisant leurs poëtes, le spectacle des cieux ouverts, le conseil des Dieux, leur descente sur la terre, etc., et par un effort de pensée et de complaisance, nous pouvons encore nous associer aux anciens et nous donner pour quelques instans leur imagination. Mais la Peinture n'avait guère plus le droit de leur offrir, malgré toute leur croyance, les images réelles de ces chimères, qu'elle n'en aurait à nous les présenter directement et indépendamment de toute supposition de notre part. Jupiter et sa cour n'étaient pas plus visibles pour les anciens que pour nous.

En s'écartant de l'ordre naturel des choses, les artistes ne pourront néanmoins puiser que dans la nature même les pièces matérielles de leurs compositions; il résultera de-là un mélange informe d'accidens en opposition avec toutes les notions communes, et au lieu de prodiges, ils ne nous présenteront que des contradictions. Que signifient ces chars roulant sur des nues et ces chevaux galopant sur des brouillards? que veut dire l'urne étroite de ces porteurs d'eau qui prétendent arroser la terre avec un vase? chétive et ridicule image de la toute-puissance des Dieux!

En supposant une essence surnaturelle aux êtres qu'il veut peindre, voyez combien l'artiste perd du fruit de ses efforts! Sans lui tenir compte de ce qu'il aura fait, nous ne songerons qu'à mesurer la distance qui sépare son œuvre du modèle qu'il s'était proposé. Regardez cette figure humaine; l'expression sublime répandue dans ses traits, annonce une ame supérieure aux ames vulgaires; l'artiste a atteint son but, il l'a même franchi, et j'adore presque son génie. Mais je rencontre la statue du Belvédère, je m'arrête.... J'ignore d'abord l'intention de l'artiste, et dans mon extase, je m'écrie : « Cet homme est presque un Dieu »!..... J'apprends que l'artiste a voulu faire un Dieu, et je suis forcé d'avouer que ce Dieu n'est qu'un homme.

Je tire une autre conséquence plus importante de l'emploi dans les tableaux des songes de la mythologie et du merveilleux dont les poëtes font jouer les ressorts dans les actions qu'ils nous développent. Comme l'intérêt décroît avec la vraisemblance, l'effet moral s'affaiblit dans la même proportion. Représentez-vous un scélérat au moment de consommer un crime, et écrasé sous la foudre que Jupiter lance sur lui. Pensez-vous que la vue de ce châtiment poétique soit propre à suspendre la main d'un coupable? Croyez-vous que le tableau d'un Sybarite dont la *Destinée* arrache les riches vêtemens et que la *Fortune* culbute au bas de sa roue, soit capable d'inspirer la crainte la plus légère à l'homme qui vit dans l'opulence, la molesse et les plaisirs? Ces objets sont trop loin de lui et il en connaît trop bien la fiction, pour qu'ils fassent sur lui l'impression la plus faible. Mais placez le premier au pied de l'échafaud; que le second rencontre, comme par hasard, sous ses yeux, d'un côté une tombe entr'ouverte et laissant apercevoir la dépouille d'un homme à moitié dévorée par les insectes, et de l'autre un malheureux luttant avec la mort dans le sein de la douleur et de la misère, ou placez, si vous voulez, devant lui, Menzikoff mourant sur son grabat. Ces diverses scènes en imposeront par leur naturel; elles inspireront invinciblement de l'effroi, une sorte de terreur et d'inquiétude pénible. Croyez que le tableau d'un seul écueil épouvantera plus sûrement que cent vaisseaux brisés sous *le trident de Neptune*, et que le spectacle du courage mis en action est plus propre à en donner que tous les lauriers distribués par la main céleste de la *Victoire* (1).

---

(1) Je ne propose point de transporter sur la toile des objets repoussans : je sais que les productions des arts doivent être essentiellement belles. Je veux seulement faire voir, moralement parlant, combien la vérité l'emporte sur la fiction, dès qu'il s'agit d'influence sur le sentiment. Mon opposition de sujets est indépendante des scènes particulières que j'ai pu indiquer : c'est à l'artiste à se conformer aux règles de son art et aux préceptes du goût. Je crois, au surplus, que le spectacle des douleurs, celui de la destruction des êtres, le châtiment du crime, les misères humaines peuvent entrer dans la ligne du

Ce serait ici le lieu de parler des allégories et de les soumettre également au jugement de la raison ; mais il serait difficile de condamner la plupart de celles qu'emploient les peintres avec des motifs plus puissans que ne l'a fait un critique, souvent judicieux, qui paraît avoir beaucoup médité sur les arts dont il s'est occupé. J'ajouterai peu de réflexions aux siennes.

Un tableau, dit-on, qui représente un acte particulier de justice, n'est que l'histoire d'un fait individuel ; mais présenter la *Justice* avec les attributs qui lui conviennent, c'est peindre une notion abstraite. Oui, mais il faut que l'allégorie me présente des objets et des personnages dont je puisse concevoir l'existence : un être de raison ne dit rien pour moi, une invraisemblance n'est pas une pensée. D'ailleurs ce n'est plus là cette justice dont il s'agit : je désirais la voir parmi les

---

beau, dès que ces objets sont saisis par la main du génie ; la sculpture ancienne et les œuvres des grands poëtes nous ont laissé à cet égard des modèles immortels. Où est la poésie des choses, si ce n'est sur-tout dans ces scènes terribles qui remuent jusqu'au fond des entrailles ? Le Laocoon suffit tout seul pour démontrer avec quel succès le génie peut embellir les objets les plus déchirans.

hommes, et vous me montrez une divinité chimérique, comme s'il fallait en reléguer l'idée dans le pays des fictions. Je ne parle pas de l'inconvenance que je trouve dans le choix du sexe le plus faible, pour exprimer les vertus qui sont le caractère des ames fortes (1).

Il n'est pas vrai que le récit d'un fait particulier ne présente qu'une idée individuelle. Quel est le trait de bienfaisance qui, en nous montrant l'humanité en action, ne nous fait pas penser sur-le-champ à cette vertu en général, telle que nous voudrions la rencontrer dans tous les cœurs ? Les notions abstraites se composent des idées particulières, et celles-ci se présentent ensuite rarement sans rappeler sur-le-champ les autres. Pourquoi la vue d'un acte d'humanité nous donne-t-elle un plaisir si doux ? C'est que ce spectacle

(1) Ce sont les Grecs qui ont introduit l'usage de représenter les vertus, les vices, les qualités morales, par des femmes. Sur l'un des pieds d'un vase qui existait dans la galerie du collége romain, et dont on trouve le dessin dans l'Histoire de l'Art de Winkelmann, on voit un Hercule représenté entre la *Vertu* et la *Volupté* figurées par des hommes. Ce vase, suivant Winkelmann, est l'ouvrage d'un artiste étrusque, ou du moins fait à l'imitation du style étrusque (*Hist. de l'Art*, *liv.* 5, *chap.* 1).

satisfait un désir, celui de toute ame droite et sensible, de trouver les hommes tels qu'ils doivent être : toutes nos jouissances sont, chacune en elle-même, l'accomplissement de quelque désir. Si nous avons désiré le règne de l'humanité, nous avions donc dès longtemps généralisé l'idée de cette vertu; or un acte individuel de l'exercice de l'humanité réveillera en nous cette notion générale et déroulera de nouveau dans notre ame l'ensemble de pensées et de désirs qui l'avaient affectée d'autres fois à cet égard. L'humanité, qui est une des touches du cœur humain, et non pas un être indépendant et surnaturel, peut-elle être mieux représentée que dans le moment même de son exercice? Et qui ne sait pas que les vertus mises en action par ceux qui doivent les pratiquer, ont une influence bien plus directe et plus puissante sur notre ame, que des images qui, sortant du cercle des choses possibles, ont à peine quelque prise sur nous ?

J'avoue que l'usage a introduit dans le discours une foule d'expressions qui semblent, au premier coup-d'œil, donner une espèce de corps aux notions abstraites dont il s'agit, et que ces images donnent la vie aux pensées et font un des plus beaux ornemens du style, lorsqu'elles sont bien choisies; mais je ne crois point que ce soient là de vraies allégories. Lorsque nous disons, par exemple, que la *raison sourit* aux jeux de l'enfance, c'est là une image elliptique qui présente la raison pour *l'homme raisonnable*. Qu'est-ce en effet que la raison agissante, sans l'être dont elle est censée être le partage? Vous voyez bien que votre raison personnifiée n'est elle-même qu'un personnage supposé raisonnable. Puisque vous avez besoin d'un personnage, prenez-le tel que la nature vous le présente: l'image, pour n'être plus vraie, n'en sera pas moins expressive. Les qualités morales ne peuvent pas plus être indépendantes que ne le sont les qualités physiques des corps: l'image de la justice personnifiée n'est que celle d'un sujet qui exerce la justice, et, quoi qu'on en dise, on n'aura point représenté la justice toute seule. On voit donc que ces sortes d'allégories n'atteignent pas le but qu'elles se proposent, et que manquant d'ailleurs de fondement, il ne leur reste aucune espèce d'avantage. Je préfère des images naturelles, telles qu'un mince pillier qui se rompt sous le poids d'une voûte, l'ouragan qui déracine le chêne et ne fait que courber le faible roseau ; une barque sans conducteur se brisant contre un rocher, les tableaux que l'on voit à Rome des quatre âges de l'homme et de la femme ; en un mot toutes les images puisées dans la nature, dans les usages des peuples, dans les sciences et les arts : sources naturelles de l'allégorie, indiquées sagement par quelques critiques ; voilà les vrais, les seuls emblèmes qu'approuvent la raison et le bon goût. Ajoutons-y toutes les allégories d'exemple, puisées dans quelques faits notoires, dans les traits connus de la vie des hommes célèbres, etc.

Je ne suis pas du sentiment de ceux qui, tout en condamnant les allégories de fiction, ne laissent pas d'en approuver le mélange avec des faits historiques, tel que ce char traîné par la *Victoire* qui renverse sur son passage des villes et des provinces figurées par des femmes, etc. Je conviens que voilà une manière très-commode d'abréger beaucoup les récits et les détails ; mais, sans parler de l'invraisemblance et du peu d'intérêt qu'inspire un tel spectacle, sans s'arrêter au ridicule de cette idée qui travestit ainsi la valeur et ne lui oppose que des femmes à vaincre, qui ôte au héros jusqu'au mérite de cette sorte de victoire, en le présentant oisif dans un char, qu'il n'a pas même la peine de conduire, remarquez combien la fiction devient plus saillante et plus déplacée à côté des objets auxquels l'esprit connaît une existence réelle. Ou le personnage historique fait participer le personnage fabuleux à son existence, ou celui-ci étend sur l'autre le voile de la fiction, et dans les deux cas, le tableau devient un mensonge insoutenable (1).

Nous n'avons pas besoin de proscrire ici ces compositions chargées d'emblèmes, la plupart inintelligibles, qui ne sont que les ridicules enfans d'une imagination égarée, et où l'on ne peut rien démêler, sinon les vains

(1) « Les Néréides et les Tritons sonnant de leurs conques, que Rubens a placés dans le port, pour exprimer l'allégresse avec laquelle cette ville maritime (Marseille) reçoit la nouvelle reine (Marie de Médicis, ne font point un bon effet selon mon sentiment. Je sais bien qu'il ne parut aucune des divinités de la mer à cette cérémonie ». (*Dubos, Réfl. crit. sect.* 24).

Dirait-on que c'est là le même auteur qui fait l'éloge de la composition de Lebrun, dont nous avons parlé tout-à-l'heure, et qui la présente comme un modèle d'allégorie historique?

vains efforts du peintre pour montrer l'esprit qu'il n'a pas. Le bon goût et les critiques judicieuses des observateurs ont depuis longtemps fait justice de ces sortes d'hiéroglyphes sans aveu (1).

La nature physique et morale nous paraît donc être la source unique où les peintres

---

(1) J'avais achevé cet ouvrage, lorsque j'ai lu par occasion, dans les cahiers de l'Ecole Polytechnique, les leçons du C.en Neveu, dont les connaissances et le style auraient été bien capables de me faire renoncer à écrire sur la peinture, si j'avais lu plutôt ces leçons. Ce n'est pas néanmoins sans quelque satisfaction que j'ai trouvé les plus grands rapports entre les réflexions d'un observateur artiste, rempli de talens et de lumières et placé au centre des arts et de leurs chefs-d'œuvre, et celles d'un solitaire qui ne connaît les arts que par quelques méditations et par l'amour qu'il a pour eux. Ces rapports se rencontrent principalement dans ce que j'ai dit des impuissances de la Peinture dans la succession des idées et des faits, des allégories, de la comparaison de la Peinture avec la Poésie et la Musique, de l'heureuse influence des peintures champêtres, des avantages qu'assurent les beaux-arts à plusieurs branches du commerce et de la prospérité des Etats, etc. Cette ressemblance d'idées est toujours une sorte de démonstration en faveur des vérités qu'elles annoncent. Je ne dirai pas, à l'imitation d'un homme de lettres dans des circonstances semblables, que les observations du C.en Neveu sont justes par la raison que je les avais faites depuis long temps; mais pour prouver la justesse des miennes, j'attesterai les leçons du C.en Neveu.

doivent puiser leurs sujets d'imitation et les richesses de leur art, surtout lorsqu'ils veulent assurer à leurs œuvres un empire sur le cœur, que la vérité seule peut leur donner. Pourraient-ils craindre que la nature ne soit pas assez féconde, et que ce vaste champ ne présentât des bornes plus rapprochées que celles du génie? Mais qu'est-ce que le génie? sinon l'heureux enfant de la nature, dont cette mère seule développe et soutient la vigueur? Les Raphaël, les Corrège, les Poussin l'ont bien senti : elle fut constamment l'objet de leurs études. Ce n'est pas que ces grands artistes ne se soient souvent écartés de la route qu'elle leur indiquait; mais, s'il est fâcheux de voir les chefs-d'œuvre de la peinture moderne puisés hors de la sphère de la nature, ce n'est pas moins à elle que nous en devons l'existence et les beautés. Ces ouvrages, qui sont des erreurs du génie, mais qui attestent d'ailleurs toute la force de leurs auteurs, sont de ces points d'attache qui lient les grands hommes à leur siècle, dont leur génie semble vouloir les arracher pour les rendre au genre humain et à tous les âges. Mais disons un mot des divers genres de peinture.

Les anciens ont connu plusieurs manières de peindre; nous avons de plus qu'eux la peinture à l'huile, la peinture en émail, le pastel, la peinture sur verre, et enfin l'art utile des estampes. Toutes ces peintures, ainsi que les autres genres connus, tels que la détrempe ordinaire, la fresque, la miniature, etc., ont leur caractère particulier qui les rend plus ou moins propres à l'expression de tel ou tel sujet. C'est ainsi qu'en poésie, l'idylle, la romance, l'élégie, l'ode, l'épopée, etc., nous présentent tour-à-tour des tableaux où l'on voit se succéder, avec la variété des sujets, celle du coloris et de la touche propres à chacun d'eux. Je crois qu'on a eu tort de prétendre que ces différentes manières de peindre peuvent s'attribuer indifféremment les diverses sortes de compositions que traite la Peinture, telles que l'histoire, le paysage pastoral ou héroïque, le portrait, les sujets allégoriques, etc. J'ai peine à me persuader que les dimensions de la miniature soient un cadre propre à présenter avec succès, malgré tout l'art des relations, le développement et l'effet des grandes fabriques, le temple imposant du Vatican ou la majesté des Alpes. Je ne saurais penser que la touche large et grande de la fresque puisse bien exprimer la fraîcheur d'un asile solitaire et la rosée du matin, ou que la poussière douce et moelleuse du pastel rende toute l'aspérité des rochers et les traits hideux d'une bête féroce, comme elle rend l'incarnat des roses, l'écorce veloutée de certains fruits ou le tendre duvet qui hérisse leur surface. Les peintres qui connaissent leur art, savent faire le choix du champ le plus propre à recevoir le dépôt des conceptions de leur génie, et du genre d'exécution dont les moyens sont les plus analogues au style dont ils ont besoin. Tel le compositeur savant et sensible s'élance d'abord dans le mode le plus relatif au caractère qu'il veut imprimer à ses tableaux, et distribue les détails aux divers instrumens propres à les rendre, tantôt par des sons rompus ou étouffés, tantôt par des accens d'une grande force ou des renflemens énergiques, tantôt par des sons roulés avec douceur, filés avec ame ou pressés avec vitesse, suivant l'espèce de jeu de chacun et la nature des sons qu'il peut faire entendre.

La peinture à l'huile paraît être le miroir le plus fidèle de la nature, par la plus grande mesure de vérité, si je puis m'exprimer ainsi, qu'elle peut répandre; c'est celle en effet dont les moyens s'étendent sur un plus vaste horizon. On connait l'insuffisance de la fresque dans les chairs et dans les draperies, celle de la détrempe dans la ruption des couleurs et la dégradation homogène des jours, ménagée avec ces nuances fondues que présente la nature; on connait les autres difficultés nombreuses qui se rencontrent encore dans ces genres, ainsi que dans quelques autres, et que la peinture à l'huile surmonte avec tant de succès, ou plutôt qui la plupart ne sont pas des difficultés pour elle. Au reste, il n'importe; le génie se montre par-tout, et l'on retrouve Raphaël dans les voûtes des loges du Vatican, comme dans la *Transfiguration*. L'Italie offre aux amateurs et aux artistes un grand nombre de ces vastes chefs-d'œuvre de peinture, de ces plafonds et de ces coupoles, genre d'exécution inconnu aux anciens, où les plus habiles peintres modernes ont déployé le grand art des raccourcis dans tous ses détails.

Nous avons dit que les artistes doivent choisir les moyens les plus analogues aux sujets qu'ils veulent imiter; quel est le but de ceux qui nous présentent des camaïeux et font reculer ainsi leur art près de son berceau? quelle supposition peuvent-ils faire, ou quelle est celle que doit faire le spectateur pour trouver quelque illusion dans cette sorte de peinture? la nature n'emploie-t-elle que des jours et des ombres? Pourquoi se borner aux ressources impuissantes de la faiblesse primitive, lorsqu'on peut mieux faire? Ce genre d'imitation n'a absolument aucun fondement : je crois voir dans un camaïeu l'image d'une région et de ses habitans dénaturés et frappés de mort à l'instant où la scène est prise. Les premiers peintres qui firent des camaïeux n'avaient pas des ressources plus étendues : que dirions-nous des sculpteurs modernes qui s'occuperaient à tailler des statues sous la forme de ces gaînes ou de ces pyramides grossières qui furent les premières ébauches de l'Art? quel prix attacherions-nous à des ouvrages de cette espèce? J'aime sans doute à trouver, dans un muséum un antique Sphinx à côté d'un groupe taillé par le ciseau du Puget : ce rapprochement donne des pensées profondes : on a trente siècles sous les yeux; le jugement compare les extrêmes, l'imagination remplit l'intervalle :

quelles réflexions sortent de ces objets! Mais si ce magot est moderne, mes yeux ne daigneront pas s'y arrêter.

Dans tous les arts nous avons consacré par l'usage quelques-unes de leurs premières imperfections, quelques-uns de ces écarts auxquels les anciens se sont laissés entraîner. C'est ainsi que nous avons copié avec une sorte de respect tous les défauts que contiennent leurs ouvrages : je dis leurs défauts, car enfin les productions de l'antiquité sont sorties de la main des hommes. Les gens de goût blâmaient jadis l'usage sérieux des peintures que nous connaissons sous le nom de *grotesques;* il les appeloient des *monstres.* Or voyez l'emploi multiplié que nous faisons de ces monstres. Si du moins dans les jeux bizarres de ces dessins fantastiques, on ne faisait que semer des fragmens exacts et respectés des productions de la nature! mais on s'est plu à créer de vrais monstres, on a défiguré les animaux, on est allé jusqu'à profaner la figure de l'homme et à la présenter sous les traits les plus horribles : que signifient ces mascarons affreux? veut-on parodier les œuvres de la nature? Insensés! et c'est ainsi que nous embellissons nos ouvrages!.....

Il ne faut pas s'étonner qu'une peinture médiocre soit plus supportable avec une seule couleur qu'avec les couleurs de la nature ; c'est que plus une copie est placée loin du modèle, moins la différence se fait sentir : la grande disparité des résultats éloigne la comparaison. On pourrait encore alléguer les raisons suivantes. Dans la peinture en camaïeu, on voit moins de moyens pour imiter et moins de prétentions à l'imitation ; de là vient que le spectateur exige moins. D'ailleurs les défauts, les plus essentiels même, se font moins apercevoir : on croit voir les objets au travers d'un voile. Dans la peinture en couleurs, le peintre avoit, au contraire, des moyens plus nombreux ; il annonce en outre une intention de rendre la nature avec le plus de vérité possible, et d'imprimer à sa copie tous les traits de l'original. On pardonne moins à l'artiste, en proportion de ce qu'il a voulu faire : les objets étant revêtus de leurs couleurs naturelles, on veut qu'ils aient encore leurs formes régulières ; c'est qu'un trait de ressemblance en fait désirer un autre et indique l'absence de ceux qu'on a manqués. Dans les camaïeux, il paraît que l'on tient déjà compte au peintre d'avoir produit quelque effet avec des moyens qui ne sont pas ceux de la nature. Observez que plus un ouvrage nous paroît s'approcher de la perfection, plus nous sommes affectés des défauts qu'il nous présente. Aussi a-t-on remarqué que la laideur déplaît davantage dans les femmes, parce que nous cherchons des grâces chez elles. Nous ne pourrions supporter, dans un tableau du Titien une tête d'une mauvaise carnation. Les beautés doublent les défauts par leur rapprochement; ce sont des jours qui brunissent les ombres, c'est la fraîche colombe augmentant la laideur du hibou.

Il résulte de ces remarques que rien ne nuirait plus puissamment aux progrès de l'Art, et ne tendrait à le faire dégénérer plus promptement, que l'usage fréquent des camaïeux, soit par la facilité de peindre dans un genre qui affaiblit les défauts et qui fait négliger les plus belles parties de la Peinture, soit par l'indulgence avec laquelle on juge ces sortes de productions.(1).

(1) « L'usage des camaïeux devint dans un tems, qui n'est pas fort éloigné, tellement à la mode, qu'on les substituait presque en tous lieux à la véritable peinture. Cette fantaisie épidémique devait enfanter une multitude d'ouvrages tendant à la barbarie; et cela arriva;...... on

Les camaïeux sont privés de l'effet le plus séduisant de l'imitation, l'harmonie des couleurs locales. Ils ne sont propres, comme on l'a fort bien observé, qu'à la représentation des bas-reliefs, des statues, etc.; c'est-à-dire à copier les productions de la Sculpture; voilà le seul usage raisonnable que les artistes peuvent en faire. Que les camaïeux imitent les ouvrages de l'Art, mais qu'ils respectent ceux de la nature. « Il n'y a que des yeux ma-» lades, a-t-on dit, qui voient tout vert ou » tout rouge ».

Les estampes en noir sont des camaïeux qui n'ont d'autre mérite de plus que le travail de l'exécution : mais remarquez que ce même travail, dont les diverses touches sont destinées à suppléer à ce que feraient les couleurs, dans la représentation des surfaces, et qui y parviennent presque en effet sous le savant burin de nos habiles graveurs, remarquez, dis-je, que ce travail est lui-même un moyen peu naturel. Les ombres que donne

---

se croyoit autorisé à altérer les formes, comme on altérait les couleurs. C'est par de semblables bizarreries que les arts se corrompent ». (*Wattelet, Dict. de peint., de grav. et de sculp.*).

le pinceau dans les camaïeux ordinaires, sont plus vraies : la nature n'ombre pas avec des hachures. Quel dommage que nos chefs-d'œuvre de gravure ne soient que des camaïeux !.... Leblond a fait une découverte importante, en indiquant l'art d'appliquer diverses couleurs aux sujets d'une estampe. Combien ils doivent désirer le perfectionnement de cette découverte, ceux qui connaissent tout le prix de la Gravure, qui sentent toute la beauté et toute la richesse de ses productions ! Si l'on parvient à introduire un jour dans les estampes toute la magie du coloris de la Peinture, si des Wills nouveaux parviennent à répandre, dans leurs ouvrages, tous les détails du *clair-obscur*(1), on multipliera des éditions complètes des chefs-d'œuvre des grands-maîtres, dont on n'a donné jusqu'ici que des extraits ou des

(1) Nous donnons à ce mot l'intégrité de signification qu'il doit avoir. *De Piles* dit que le *clair-obscur* suppose et renferme l'incidence de la lumière et de l'ombre, comme le *tout* renferme *sa partie*. « Il ne faut pas confondre, dit Sulzer, comme on l'a déjà fait, le *clair* et l'*obscur*, qui dépendent des jours et des ombres, et le *clair-obscur* qui dépend principalement des *couleurs* locales ». (*Théorie générale des beaux-arts*).

analyses. Les estampes en noir sont comme ces traductions libres qui ne nous font point connaître le coloris du style de l'ouvrage traduit : Dubos les compare aux poëmes en prose ; il aurait dû les comparer aux traductions en prose des poëmes en vers. Il ajoute que, comme il est de beaux poëmes en prose, il est aussi de beaux tableaux sans coloris. Il prend de là occasion de décider qu'on ne doit point prononcer entre le dessin et le coloris. Il n'a jamais pu être question de donner une prééminence à l'une ou à l'autre de ces deux parties de la Peinture; mais il suffit de dire que les objets ne pouvant pas plus exister sans une couleur quelconque, que sans les dimensions et les contours de leur masse, on ne pourra les copier avec vérité, qu'en réunissant ces deux accidens à-la-fois. Il ne s'agit donc pas de décider lequel vaut mieux, d'un tableau qui présente un beau dessin et un coloris négligé, ou de celui qui offre de belles couleurs et des formes irrégulières; mais il faut dire que le tableau le plus parfait est celui qui présente à-la-fois et les formes et les couleurs.

La Sculpture, qui n'a pas cet avantage, est encore une sorte de camaïeu. Mais l'opinion générale semble avoir décidé qu'elle ne peut employer les couleurs sans sortir de son caractère (1). Quoique je sois presque tenté de regarder ce sentiment comme un préjugé, car les arts ont aussi leurs préjugés, je n'essaierai pas de le combattre. Les armes ne me manqueraient pas, mais les meilleures sont insuffisantes dans une lutte de cette espèce. Peut-être n'a-t-on pas assez songé à ce que l'on pourrait faire à cet égard. J'avoue qu'une mauvaise statue coloriée, est un objet insupportable; mais, d'après ce que nous avons dit plus haut, il est aisé d'en voir la raison. Les productions de la Sculpture sont, par le fait, infiniment plus rapprochées de la nature que les tableaux; si nous leur ajoutons le dernier traits de ressemblance, qui semble devoir faire le complément absolu de l'imitation, et que cette imitation soit encore très-imparfaite, elle choquera d'autant plus, que nous aurons voulu faire davantage; nous inviterons ainsi à une comparaison plus sévère, et les défauts s'étant multipliés avec les traits d'imitation,

---

(1) « Chacun de ces deux arts (la Peinture et la Sculpture) a ses moyens d'imitation; la couleur n'en est point un pour la Sculpture ». (*Et. Falconnet*).

cette comparaison fera repousser une copie téméraire, qui a trop osé, en raison des résultats qu'elle présente (1).

Ajoutons une dernière remarque sur la vérité des imitations. Le tableau le plus satisfesant est, sans doute, celui qui présente un tout complet, indépendant et dégagé de tout ce qui tend à rappeler l'art trop tôt. De cette vérité, je tire les observations suivantes.

Je n'approuve pas ces figures tronquées, qui me forcent à faire des suppositions toujours peu propres à ramener l'illusion. Pardonnerions-nous aux statuaires de Rhodes, s'ils avaient mutilé quelqu'une des figures du Laocoon, sous le prétexte du défaut de marbre ? Les bustes tiennent de ce genre d'imperfection; on s'accoutumerait à les re-

---

(1) Un homme de mérite très-connu, philosophe sensible et éclairé, qui m'a honoré de plusieurs lettres relatives à cet écrit, m'a fait observer que c'en serait fait des mœurs, si l'on donnait une couleur au marbre : je me rends à cette raison, et j'avoue même que le goût n'aurait peut-être pas à gagner à une telle innovation. Mais il n'est pas moins vrai que le relief revêtu des couleurs de la nature, serait une imitation plus complète et susceptible d'une plus grande illusion; or, je ne pousse pas plus loin mon opinion à ce sujet.

garder, en effet, comme des ouvrages hors du vrai goût, en se rappelant qu'ils sont un reste de la grossièreté primitive, et qu'ils doivent leur origine aux antiques Hermès, c'est-à-dire, à ces pierres cubiques, à ces blocs informes surmontés d'une tête, productions imparfaites de l'Art encore au berceau.

Les peintures sur place présentent toujours plus de vérité qu'un tableau isolé, celles-là surtout qui sont à la portée de l'œil, et qui se présentent, dans la situation la plus naturelle aux objets imités.

J'aimerais que l'on ne rapprochât jamais des peintures dont les sujets offrent des proportions éloignées ; bien moins encore de celles qui présentent des objets disparates par leur nature, tels que les Alpes à côté des plaines de l'Asie, Philippe de Macédoine auprès de Louis XIV, la bataille d'Arbelles à côté d'une descente de croix. Ces rapprochemens annoncent l'art au premier coup-d'œil, et ne présentent que l'art (1).

---

(1) C'est à un défaut de convenance qui tient quelque chose de celui que nous indiquons ici, que nous devons un vice important dans nos imitations théâtrales, que je ne sache pas encore avoir été remarqué : je veux parler de

J'ai développé quelques réflexions relatives à la vraisemblance dans le choix des sujets,

---

l'orchestre de nos opéras. La scène et les personnages forment le tableau, l'action doit s'y passer toute entière ; elle doit être resserrée dans l'intérieur du cadre qui lui est destiné. Ne serait-il pas ridicule de prolonger une peinture hors de la *moulure* qui en marque les limites ? C'est cependant là ce que nous faisons dans nos spectacles. Il est étonnant que l'on n'ait pas encore cherché à faire disparaître une telle incongruité. Le chant est le langage hypothétique des personnages de la pièce ; l'harmonie qui l'accompagne est une des parties de l'ensemble, un des traits du tableau : ce langage total doit partir du lieu où l'on suppose que se passe l'événement. Mais l'illusion n'est-elle pas absolument détruite par cet appareil d'instrumens et d'acteurs étrangers à ce qui se passe sur la scène ? Un souffleur peut-il se montrer impunément ? Je vois des Romains ou des Grecs, et ce sont des modernes qui parlent pour eux et avec eux. Quand les personnages seraient d'ailleurs modernes eux-mêmes, peut-il y avoir quelque chose de commun entre la scène et les assistans ? Quelle inconvenance n'y a-t-il pas à laisser ainsi à découvert les ressorts qui agissent dans un spectacle destiné à faire illusion ? C'est comme si les machinistes se montraient ouvertement avec les acteurs, et que l'on vît sans cesse le jeu des poulies qu'ils font mouvoir. Je sais bien qu'il est des situations et des accens qui suspendent toutes les facultés de l'ame, la mettent dans un état absolument passif, et qu'alors sans doute, on ne songe guère à l'orchestre. Mais ces situations n'ont qu'une certaine durée, et il en est tant d'autres qui laissent agir la réflexion. On

et,

et, à la vérité, que la Peinture doit se proposer dans leur exécution. Ce sont là les deux causes premières des sensations que la Peinture peut donner au commun des hommes, et de l'influence morale qui peut résulter de ces sensations. Sans elles, la Peinture, resserrant ses effets dans la sphère particulière des artistes et des amateurs, ne présenterait que des chimères aux yeux de la raison, deviendrait souvent inutile à la sensibilité même, et serait surtout totalement perdue pour le vulgaire. Ces réflexions ont dû précéder les recherches dans lesquelles nous allons entrer; il y en aurait, sans doute, bien d'autres à faire, mais je crois avoir présenté les plus essentielles à mon sujet.

Je n'ai rien dit de la composition, des préceptes généraux de l'Art, ni du mérite intrinsèque de ses productions : ce terrain ne

---

ne saurait trop ajouter à la vraisemblance, c'est le moyen d'assurer aux arts un triomphe plus complet.

Je crois donc que, si l'on parvenait à masquer entièrement les orchestres, en les disposant de manière à ce que l'ensemble de l'harmonie partît de dessus la scène avec la voix des chanteurs, on obtiendrait un caractère de vérité de plus, qui produirait le plus grand effet. Cette entreprise mériterait d'être tentée.

m'appartient pas. Je n'ai dû considérer la Peinture que sous le rapport de ses imitations, et de la vraisemblance résultant non de l'exécution plus ou moins parfaite des sujets et de l'emploi des moyens, mais du choix le meilleur possible des uns et des autres.

Examinons maintenant la Peinture dans ses effets moraux.

FIN DE LA PREMIÈRE PARTIE.

SECONDE PARTIE.

Des effets de la Peinture et de son influence morale et politique.

Pour parvenir à connaître, dans toute son étendue, l'influence que les arts peuvent avoir sur l'homme social, il faut d'abord les suivre dans leurs effets sur l'homme privé, examiner ensuite les conséquences de ces effets sur les mœurs publiques, et, enfin, considérer ces arts, soit dans la sorte de dépendance où ils peuvent être de la politique des gouvernemens, soit dans leurs rapports immédiats avec la société, et dans leur influence nécessaire sur telle ou telle situation politique de l'État. Ces recherches exigeraient sans doute un esprit philosophique, quelque connaissance du cœur humain, et une étude des élémens et de la manière dont se compose la morale publique des nations. Ce n'est pas en consultant mes forces que je me suis déterminé à écrire sur cette matière;

mais j'ai cru devoir présenter la vérité telle que je la sens : l'amour du bien inspire souvent les réflexions utiles qui ne sont d'ordinaire que le fruit du savoir, et supplée ainsi aux pensées profondes d'une philosophie éclairée.

L'écrivain qui consacre ses travaux à des recherches utiles, remplit un devoir bien doux. La médiocrité de ses moyens ne doit pas l'arrêter dans sa marche ; on ne peut lui en faire un reproche ; il emploie utilement ceux qu'il a reçus de la nature, et s'il ne peut faire davantage, il n'a pas moins payé à ses semblables le tribut qu'il leur devait. Mais pourquoi des vérités utiles seraient-elles dédaignées, s'il ne leur manque que d'être ornées de quelques fleurs ou étayées d'une éloquence souvent suspecte, ou d'une grande réputation? Faudra-t-il donc toujours traiter les hommes comme des enfans dont il faut capter l'attention par des appas étrangers aux objets qu'on veut leur présenter?

Sous le rapport des facultés passives de l'homme privé, les sujets que choisit le peintre s'adressent ou au sentiment ou à la pensée, c'est-à-dire au cœur ou à l'esprit. Ils peuvent présenter ainsi des spectacles douloureux ou agréables, curieux ou instructifs, utiles, dangereux ou indifférens pour les mœurs. Je suppose, il est vrai, que le sujet imité frappe le spectateur à-peu-près comme il le frapperait dans la nature. Mais il n'est pas hors de propos d'examiner d'abord jusqu'à quel point la conscience actuelle de l'imitation modifie cet effet.

Un critique que nous citons souvent, parce que ses observations sur les arts d'imitation sont très-nombreuses, ce critique observe que l'imitation agit toujours plus faiblement que l'objet imité; que la copie de l'objet n'excite en nous qu'une copie de la passion que l'objet lui-même y aurait produite; que cette impression n'a pas les suites durables et quelquefois funestes qu'aurait l'impression faite par l'objet vu dans la nature. Il dit, par exemple, que l'imitation de la mort de Phèdre nous émeut et nous touche, sans laisser en nous la semence d'une tristesse durable. Dubos trouve la raison de cette différence d'effets dans ce que l'imitation d'un événement nous laisse les maîtres de ne prolonger nos sensations qu'autant qu'il nous plaît, et que nous sentons que nos pleurs cesseront de couler avec la représentation. Je ne crois pas que Rousseau ait raison de dire que c'est plutôt parce que l'imitation ne nous inspire (selon lui) aucun retour pénible d'inquiétude sur nous-mêmes. Le sentiment douloureux, quelque léger qu'il soit, que nous fait éprouver l'imitation d'une scène tragique, ne peut se rapporter à d'autres objets qu'à ceux dont l'imitation a copié la réalité. Les figures de la tragédie ou du tableau nous conduisent auprès des personnages de la nature, et nous associent ainsi à leurs infortunes et à leurs douleurs. Certes ce ne sont pas les figures peintes qui nous affligent, ce n'est pas la personne d'un acteur qui excite notre pitié ou nos craintes; mais ce sont les objets dont ceux-là sont les images. Or, si ces objets tels qu'ils se sont présentés dans la réalité des événemens, étaient capables de nous donner alors quelque retour d'inquiétude, nous devons éprouver une portion de cette inquiétude chaque fois que notre imagination se rapprochera d'eux; cette inquiétude sera seulement moindre qu'elle n'eût été, à cause de l'éloignement de la réalité où nous place l'imitation.

Je reprends la proposition de Dubos. L'impression faite par l'imitation, ne diffère, dit-il, de celle que produit l'objet imité, que parce qu'elle est plus faible; elle est de même nature, et n'est, pour ainsi dire, qu'une copie de la seconde. Mais Dubos est en opposition avec lui-même, lorsqu'il énonce cette assertion dans un sens absolu et appliqué à l'ensemble des sensations que nous donne l'imitation d'un sujet. Il devait séparer l'effet produit par le sujet auquel nous nous associons, de la sensation simultanée qui vient immédiatement de l'imitation, c'est-à-dire de cette sorte d'intérêt qui naît du prestige de l'art. Qui ne s'est pas aperçu que la peinture de l'objet le plus hideux se fait regarder avec une sorte de plaisir? que l'on se plaît également à contempler l'image de l'événement le plus funeste, tel qu'un meurtre ou un incendie? Notre critique en convient, et c'est-là un de ses principes généraux. Or je demande si un plaisir quelconque fut jamais une copie de la répugnance ou de la douleur? L'imitation affaiblit l'impression qui est l'effet naturel de tel ou tel spectacle, mais elle fait plus, et je crois que souvent elle change la nature de cette impression, et que d'autres fois elle la détruit totalement; il ne me serait pas difficile de le prouver.

Lorsqu'une peinture se présente à nos yeux, deux objets principaux se disputent notre attention et se mettent, si j'ose le dire, en présence : le travail de l'exécution et tout ce qui y est relatif, d'une part, et de l'autre le sujet imité. Nous ne pouvons voir un tableau sans raisonner sur les moyens de l'Art, sans songer au mérite de la copie, sans nous occuper de l'artiste qui l'a faite; je ne parle pas d'une foule d'autres idées accessoires qui se lient naturellement à celles-ci. Je ne crains pas d'avancer que le sujet imité se présentera rarement le premier, et que si quelquefois il devance les impressions dont nous avons parlé et qu'il s'empare d'abord de l'attention, ce ne sera que vaguement et en passant; la sensation fugitive qu'il aura produite disparaîtra comme l'éclair devant l'art qui se montre. Comme l'illusion, dans ces circonstances, n'est jamais, si je puis m'exprimer ainsi, qu'un effet de la complaisance de l'esprit, puisque cette illusion ne peut jamais être réelle, il s'ensuit que l'attention principale retombera toujours sur l'art imitateur, comme Dubos l'a fort bien remarqué. Que faudra-t-il faire pour disputer avec succès contre une aussi forte partie? On choisira sans doute les sujets propres à inspirer par eux-mêmes le plus d'intérêt qu'il se pourra : ce parti est certes très-sagement indiqué, et c'est-là le seul moyen de balancer, du moins en partie, l'impression que produit le reste, et d'arracher à l'art une partie de l'attention qu'il entraîne à lui. Mais quelle que soit la mesure relative de l'attention qui lui reste, cette attention sera toujours autant de perdu pour le sujet du tableau.

On voit par-là qu'il n'y aura qu'une certaine classe d'objets qui puissent conserver dans la Peinture une partie de l'effet qu'ils auraient produit dans la nature. Tout ce qui n'est pas susceptible de frapper l'attention, tout ce que nos yeux rencontrent avec indifférence, ne produira en tableau d'autre impression que celle qui est le résultat de l'art en action. Ces objets, au reste, ne seront pas sans intérêt pour le spectateur, sous le rapport dont nous parlons ; ils exciteront même plus d'examen et de raisonnement que les autres, parce que l'ame sera tranquille et que son attention ne sera point divertie. L'amateur de l'art trouvera presque aussi bien son compte dans ces sortes d'imitations ; mais l'artiste n'aura mérité que la moitié du suffrage auquel il aurait pu prétendre.

Pour que l'influence de la Peinture se généralisât davantage parmi les hommes, il serait à désirer que les artistes s'attachassent moins souvent à des sujets qui ne disent rien à l'esprit ni au cœur. Pourquoi employer tant de talent à peindre une scène indifférente? On dirait qu'il suffit au peintre d'obtenir le suffrage des connaisseurs dans son art; mais l'émotion qu'il ferait naître dans l'ame des spectateurs ne serait pas un suffrage moins flatteur pour lui. Les larmes que Racine arrache à son auditoire ne valent-elles pas tous les applaudissemens? Les applaudissemens sont quelquefois le signe d'une vraie satisfaction; mais ils annoncent que l'on s'occupe plus de l'artiste et des moyens de son art que du sujet représenté, et le cœur y entre rarement pour quelque chose (1).

Depuis long-tems, Dubos crie aux artistes: Laissez ces originaux incapables de nous af-

(1) Toutes ces sortes de choses, dit Plutarque, qui n'ébranlent pas l'ame du spectateur et ne commandent pas à sa volonté, sont absolument inutiles; mais la vertu en action reste rarement sans effet (*Plut. in Pericl.*).

fecter par eux-mêmes, laissez ce villageois passant son chemin, et conduisant quelques bêtes de somme, cette femme qui revient du marché, cet animal qui se repose et regarde indifféremment autour de lui. Ce conseil, vraiment philosophique, a été vainement répété depuis; nous ne voyons pas moins se multiplier les tableaux les plus insignifians, et les salons et les galeries se remplir de sujets triviaux qui ne méritent pas même de fixer un instant le regard de l'homme de goût (1).

On méconnut, long-tems chez les anciens, cet abus ridicule des arts, et ce ne fut que lorsque les mœurs des Grecs furent entièrement corrompues, qu'ils s'écartèrent totalement de leur destination (2); mais auparavant

---

(1) « Si l'objet nous semble trop facile à peindre, ou indigne d'être imité, le mépris, le dégoût s'en mêlent; le succès même du talent prodigué ne touche point.... Il en est de la Poësie comme de la Peinture : quel effet se promet un pénible écrivain qui pâlit à copier fidellement une nature aussi froide que lui » ? (*Marmontel.*)

(2) Pline parle de ces tems de dégénération où les peintures basses et triviales de Pyréicus étoient préférées à des ouvrages dont les sujets mieux choisis étaient d'ailleurs exprimés avec plus de dignité. A cet égard, les *Riparographes* modernes n'ont pas à se plaindre de nous.

ils ne furent que les interprètes du génie.
L'artiste, dit Winckelmann, n'était pas obligé de descendre aux petites choses pour remplir les vides d'une maison, ni d'abaisser son génie au goût mesquin d'un propriétaire opulent : ce qu'il exécutait était analogue aux idées élevées de toute une nation.

Les peintures, dont nous parlons, ne peuvent être ici le sujet de nos réflexions, puisqu'elles sont à-peu-près nulles sous le rapport de l'influence morale qui fait l'objet de nos recherches. Cependant, je suis éloigné de les regarder comme tout-à-fait indifférentes à cet égard; et voici, selon moi, les effets qu'elles produisent. Elles accoutument à ne juger que de l'art, à ne chercher dans les œuvres des artistes que la beauté de l'exécution; et à force de n'observer que de cette manière, on ne voit plus dans les tableaux que de la peinture, et les sujets les plus intéressans deviennent froids à leur tour.

Cette influence étend à la longue ses effets sur toutes les classes d'hommes, et le vulgaire qui ne sent pas le prix du travail, finit par n'éprouver aucune impression. Aussi, je les crois bien loin de nous ces tems où la politique avait à redouter, sous certains rapports, les effets des productions des arts d'imitation. Si nous jugeons du degré de leur avancement par l'enthousiasme qu'ils inspirent, il faut avouer que nous sommes bien inférieurs aux anciens, autrement il faudrait penser que le refroidissement croît en proportion du perfectionnement des arts. Aujourd'hui, leurs productions n'attachent que les artistes ou les connaisseurs : le vulgaire reste insensible devant nos plus beaux chefs-d'œuvre ; il entre avec indifférence dans les salles de nos concerts, et passe de sang froid devant les tableaux de Raphaël.

Voyez, je vous prie, quels sont les effets que produisent les œuvres de nos artistes sur ceux mêmes qui sont en état d'en juger. Suivez le connaisseur dans nos galeries ou auprès de nos orchestres. Ici, il observe le jeu des divers instrumens, il dissèque les phrases, il compare les accords, il anatomise l'harmonie, en apprécie les détails ; il suit l'enchaînement des parties, leur entrée successive, leurs répliques ; il se rend compte de chaque trait de la pièce qu'il entend ; mais son jugement seul agit, et ce que l'esprit dépense en attention et en discussion, est autant de perdu pour l'ame qui reste glacée, et ne reçoit pas la moindre secousse. Les artistes, qui étudient, au reste, le goût du moment, ont le plus grand soin de ne pas se mettre en opposition avec le ton qui peut seul leur assurer des applaudissemens; ils ne travaillent plus pour attacher le grand nombre, mais pour obtenir le suffrage de leurs juges. Aussi, retrouve-t-on à peine de cette musique simple, mais pleine de sentiment, et faite pour attendrir; de cette musique énergique et forte qui remue l'ame, la ravit ou la déchire : mais on trouve de la musique savante.

Ailleurs, le connaisseur parcourt une série de tableaux avec ce froid esprit de critique qui suppose l'absence du sentiment, et qui ne s'occupe que de la comparaison de l'exécution avec les règles connues de l'Art; il suit le jet des draperies dans tous leurs plis; il étudie le jeu de la lumière dans ses diverses réflections; il consulte le coloris; il examine le naturel ou la grâce des attitudes, l'ordonnance et l'action des muscles, la proportion dans le dessin et la dégradation dans les couleurs; et au milieu de tout cet examen auquel le cœur n'a pas la moindre part, il juge avec flegme de la mécanique du travail, et l'impression morale est absolument nulle. C'est au sentiment, leur seul juge suprême, que devraient s'adresser les productions des arts; mais les artistes ne parlent souvent qu'à l'esprit, parce que le froid raisonnement, en usurpant les droits du sentiment, s'est arrogé seul celui d'apprécier leurs œuvres.

Nous nous trouvons conduits directement à une observation fondée sur l'expérience, et qui se rapporte à ce que nous avons dit plus haut. L'intérêt qui nous attache au sujet d'une peinture, est loin de croître en proportion du mérite réel de l'exécution, moins encore de la réputation de l'auteur; je crois plutôt qu'il diminue en raison inverse de ces deux choses. L'intérêt partagé s'affaiblit : c'est là une de ces vérités trop connues pour avoir besoin d'être répétées. Ce que le nom de l'auteur et le matériel de l'ouvrage emportent d'admiration, est pris au préjudice de l'impression que produirait le sujet représenté. A mesure que l'Art se perfectionne, on court après les chefs-d'œuvre, on admire le peintre et la peinture, et le modèle est oublié. Ce n'est que Raphaël ou Michel-Ange que l'on va chercher à Rome, c'est Rubens, Lebrun ou David que l'on va voir à Paris. Lorsqu'on s'occupe peu de peinture, l'ébauche grossière d'un homme qui fut cher à ses concitoyens, suffit pour réveiller l'enthousiasme, parce que la peinture ne disputant point l'attention, l'homme de bien se montre tout seul et ne fait songer qu'à lui. Mais les artistes pourraient-ils jamais se contenter de cette sorte de gloire? Lorsque au contraire l'Art est cultivé avec des prétentions, on veut que les grands hommes soient peints, comme le reste, avec toute la perfection possible; l'ouvrage de l'artiste médiocre est méprisé, et la médiocrité du talent tourne au préjudice de la mémoire du héros. Il est bientôt dédaigné, oublié même, celui dont on ne respecte plus l'image; et l'influence de l'Art me paraît funeste, lorsqu'il apprend à préférer des traits et des couleurs au souvenir du mérite et de la vertu. Je crois voir un fils dépravé qui méprise son père, parce qu'il le rencontre vêtu de haillons.

Lorsque les arcs de triomphe ne servaient encore à Rome qu'à récompenser le courage et la vertu, ils n'étaient que de briques; ces modestes monumens, qui honoraient bien plus les héros que ceux que l'orgueil et l'ambition élevèrent dans la suite à grands frais, multiplièrent les vertus dont ils étaient le prix, tandis que le marbre, sous les Césars,

ne

ne servit qu'à exciter une basse envie ou une stérile admiration.

Mais faudra-t-il donc briser nos belles statues et brûler les chefs-d'œuvre qui remplissent nos Musées? faudra-t-il replonger les arts dans leur grossièreté primitive? Croira-t-on que c'est-là le parti que je veux suggérer? et me prendra-t-on pour l'ennemi des arts perfectionnés? Non, le lecteur judicieux ne me prêtera pas une aussi étrange erreur de raisonnement; il ne tirera pas une conséquence aussi absurde de mes observations. Je sens avec lui que si les ébauches imparfaites de l'antiquité excitaient une impression vive, ce n'est pas parce qu'elles étaient imparfaites, mais parce que les arts étaient nouveaux, et que leurs productions étonnaient les hommes. Si les ouvrages parfaits frappent moins dans un siècle plus avancé, c'est qu'en parcourant le long intervalle qu'il a fallu franchir pour amener les arts à cet état de perfectionnement, les hommes ont eu le tems de s'accoutumer à leurs productions. Ainsi, si leurs effets sont moins sensibles, ce n'est pas non plus à leur perfection qu'il faut s'en prendre, et je n'entends pas sans doute que l'on gagnât quelque chose à substituer aujourd'hui les tableaux d'un peintre d'enseignes à ceux du Titien. Mais je dirai que nous ferions bien de réformer notre jugement et nos goûts, et d'apprendre à respecter l'image du grand homme, tracée par un pinceau vulgaire, comme celle qui sort de l'atelier de David; ou si nous ne nous sentons pas assez de force et de philosophie pour cela, de ne laisser peindre l'homme de bien et le héros que par l'artiste qui excelle dans son art. Il serait louable du moins de prononcer en faveur de la vertu, du génie ou de l'héroïsme, une exclusion que l'orgueil suggéra à Alexandre, qui ne trouvait que le ciselet de Pyrgothèle, le pinceau d'Apelle ou le ciseau de Lysippe, dignes de transmettre ses traits à la postérité. Je dirai surtout qu'il serait à souhaiter que l'Art ne s'exerçât que sur des objets dignes de lui-même; moyen qui, en le rendant à sa dignité, contribuerait beaucoup à ranimer son influence. Mais nous reviendrons sur ce point.

Les pensées du peintre, qui s'adressent à l'esprit ou au sentiment, sont tantôt des faits purement historiques, tantôt des vérités morales et philosophiques présentées sous les traits de l'allégorie ou avec le secours de l'exemple, tantôt des sujets destinés à émouvoir le spectateur par les divers genres de plaisirs ou de sentimens pénibles que leur vue est capable de faire naître. Examinons d'abord ces peintures dans leurs effets sur l'homme privé.

Pour observer ces effets, il faut suivre l'homme dans les diverses occasions où les productions de la Peinture viennent frapper ses yeux. L'occasion n'est pas indifférente : elle peut ajouter aux sensations, comme elle peut affaiblir celles dont telle autre circonstance aurait doublé la vivacité. Les tableaux étaient moins multipliés chez les Grecs que parmi nous ; les artistes étoient moins nombreux et les moyens de l'Art moins féconds. D'ailleurs les peintures en petit étaient peu en usage ; ce qui le fait présumer, c'est qu'on cite comme une particularité les tableaux de Calliclès qui n'avaient que quelques pouces de dimension (1). Chez les Ro-

(1) Demon, peintre d'Athènes, exécuta en petit des peintures indécentes ; Pausias peignit aussi des sujets en petit. Pline ne dit point si ces peintures étaient portatives ; il ne paraît pas qu'on doive l'assurer sans autre autorité. Quant à Pausias en particulier, Pline remarque que les ennemis de ce peintre l'accusaient de préférer ce genre d'exécution, parce qu'il emportait plus de temps ; ce qui paraîtrait seulement devoir s'entendre d'un peintre à jour-

mains les petits tableaux furent moins rares. Ce qui contribua encore à faire passer des peintures entre les mains d'un plus grand nombre de personnes, ce fut le genre de portraits dessinés que Varron introduisit ; il ne paraît pas cependant que cet usage se soit fort répandu dans la suite. Au reste, ni les Grecs ni les Romains n'eurent la source féconde de la Gravure, pour multiplier les peintures de toute espèce, comme il est arrivé chez les modernes. Nous ne croyons pas devoir tenir le même compte des ouvrages de sculpture qui étaient plus multipliés chez les anciens que parmi nous. Quoique la Sculpture soit aussi une peinture, les effets de l'une et de l'autre diffèrent presque autant que leurs moyens. Il y a beaucoup de naturel dans une statue ou un bas-relief, tout est art dans un tableau ; ceux-là surprennent moins, à raison de leurs formes qui ne sont que copiées; celui-ci étonne par la magie qu'il présente et par le peu d'analogie de ses matériaux avec les objets de la nature.

---

nées qui prolonge le travail par des détails à son choix; c'est-à-dire qu'il ne s'agirait que des détails et non du champ des tableaux. (*Plin. lib.* 35, *cap.* 11).

Il suit de ces faits que l'impression que produisait la Peinture chez les anciens dut être plus vive : les observateurs en connaissent la raison ; d'ailleurs on sait que les productions des arts affectent d'autant plus faiblement qu'on est plus éloigné de l'instant de leur naissance, et que, par une étrange fatalité, l'indifférence, comme nous l'avons remarqué, semble être le fruit nécessaire de leur perfectionnement. Nous ne reverrons plus cet enthousiasme que manifestèrent les villes de la Grèce et de l'Etrurie, à moins que l'ignorance ou la barbarie n'étende de nouveau son voile funèbre sur la terre, et que de nouveaux Cimabués ne viennent retirer l'Art de dessous les ruines où il aura été enseveli. Faut-il donc proscrire et éteindre les arts pour en ranimer le goût et pour revivifier leur empire ? L'homme se lasse de tout. Les statues lourdes et barbouillées de rouge de l'ancienne Egypte excitèrent plus d'admiration que n'en produit parmi nous la sublime tragédie du Laocoon ; et les épreuves grossières du burin de Baldini causèrent plus de sensation que les productions de Morghem. C'est ainsi que la fleur grèle du printemps, qui s'élève sur une terre encore morte et dépouillée, produit plus d'effet sur nous, que n'en exerce plus tard le spectacle de la nature dans toute sa fraîcheur.

Les productions de la Peinture se présentent à chaque instant sous nos yeux, sur les places publiques, dans les porte-feuilles des amateurs, dans les cabinets, dans les galeries, dans nos vestibules, dans nos appartemens, sur nos meubles et jusque dans nos vêtemens. La tendresse filiale, l'amour, l'amitié, tous les sentimens du cœur trouvent dans les secours de cet art des soulagemens aux peines de l'absence, des moyens de multiplier les jouissances ou de rendre une sorte d'hommage à la personne chérie; la douleur même y rencontre l'espèce de plaisir qu'elle cherche, celui de se nourrir sans cesse. Le luxe y trouve des ressources nombreuses; la corruption y cherche avidement des alimens à ses goûts dépravés et ne manque pas de les multiplier avec une funeste profusion.

Mettrons-nous dans la balance les avantages et les maux que la Peinture peut introduire parmi les hommes? Dirons-nous que parce qu'elle peut leur devenir funeste en certains cas, ils doivent proscrire en général toutes ses œuvres? Non sans doute. La Peinture, comme tous les arts, comme les biens les plus précieux, peut devenir un instrument dangereux dans les mains de l'homme, parce que l'homme abuse de tout ; mais le mal n'est pas en elle-même, ce n'est pas la faute de l'Art, c'est celle de l'artiste qui en prostitue l'emploi. Que ne proscrirait-on pas aujourd'hui, s'il fallait condamner tout ce qui a enfanté des abus? Les plus grands bienfaits de la nature ne sont-ils pas devenus des armes funestes ou de dangereux poisons? Vérité humiliante pour l'espèce humaine! L'homme est-il donc destiné à flétrir ou à corrompre tout ce qu'il touche! Jamais un bien s'offre-t-il à nous, sans que le mal ne se présente presque au même instant? Un usage heureux s'introduit-il dans la société, l'abus est là qui marche à sa suite : avons-nous fait une découverte utile, nous nous livrons sur-le-champ à des applications fausses ou à des excès qui en corrompent les effets (1). La

(1) La musique, dit Platon, adoucit le naturel, mais elle tend à l'énerver; la gymnastique donne de la vigueur, mais par ses abus, elle rend souvent l'homme dur et féroce. (*Plat. de Rep. lib.* 3).

plantation de la vigne a introduit l'ivresse ; l'imprimerie a produit les excès de la presse ; les arts ont enfanté le luxe ; la chimie a indiqué l'usage des poisons ; les jeux inventés pour procurer quelques délassemens, ont détruit le repos des hommes, renversé les fortunes et enfanté tous les crimes ; la science a produit l'orgueil, et celui-ci les écarts les plus funestes de la raison humaine ; la religion a introduit le fanatisme ; l'amour a conduit à la débauche ; l'amour de soi, le père de toutes les vertus, a engendré le froid et dur égoïsme, le vil intérêt, l'avarice..... A quels vices n'a-t-il pas donné le jour ? Il n'y a pas jusqu'aux vérités les plus pures de la morale qui n'aient donné lieu aux conséquences les plus absurdes et les plus dangereuses. Combien la vraie philosophie, celle qui s'intéresse de bonne-foi au bonheur des hommes, combien, de son côté, la politique vigilante des législateurs des nations, combien toutes les ressources de la sagesse éclairée et de l'autorité qui commande aux hommes, doivent s'occuper des moyens propres à atténuer les effets des tristes abus qui découlent des mêmes sources d'où peuvent sortir la félicité privée de l'homme et la prospérité des Etats ! Il faut en ceci imiter Platon, qui, au lieu de bannir les arts de sa république, s'occupe d'en régulariser l'influence et n'en proscrit que ce qui lui paraissant dangereux, ne présente d'ailleurs aucune utilité. Il est souvent plus sage de réformer que de détruire, et il est plus facile de diriger l'influence des choses dont on connaît les effets, que de remplacer ce qu'on a détruit. A quoi bon faire rétrograder l'intelligence et la raison de l'homme, quand on peut tirer parti des conceptions et des œuvres auxquelles elles peuvent s'élever? La perfectibilité de l'esprit humain est dans la volonté de la nature; appartient-il à l'homme de lui opposer une barrière? La nature a voulu qu'il arrivât à une telle hauteur; est-ce à lui de dire : L'homme ne doit pas remplir sa destination, il faut tromper le vœu de la nature qui a voulu en faire un être supérieur; sa raison se maintiendra dans son enfance primitive, il doit lui suffire de surpasser de quelques degrés le niveau de l'instinct de la brute? Tout ce qui peut honorer l'espèce humaine, tout ce qui peut alléger le poids de ses misères et procurer à l'homme de bien des jouissances que la raison et les mœurs avouent, doit être respecté par le législateur.

Il doit plus faire encore en faveur de ce qui peut aider ses vues et contribuer à donner aux hommes les impressions, les habitudes, les pensées, les goûts et les mœurs conformes au plan de sa législation. Or nous verrons bientôt que la politique peut tirer quelque parti de la Peinture. Voyons auparavant celui qu'en retire l'homme privé.

Les arts qui, par leurs productions, tendent à imiter la nature dans ses beautés, doivent, suivant les réflexions judicieuses de Sulzer, l'imiter aussi dans les fins qu'elle se propose, et dans la manière dont elle dispose de ses moyens pour y parvenir. C'est par l'attrait du beau qu'elle nous attire au bien; si je pouvais ajouter un trait aux belles images que nous présente à cet égard cet observateur éclairé, je dirais que le beau est chez elle l'étiquette du bon : c'est l'enseigne aimable que cette bonne mère a placée au-devant de tout ce qui peut contribuer à notre conservation et à la plénitude de notre existence. Elle nous mène ainsi vers le bien par un chemin semé de fleurs, et nous lui devons une double reconnaissance. La nature n'a point fait de beautés stériles : tout ce qu'elle a produit de grand, annonce et recèle une destination conforme à sa physionomie; et ces beautés n'eussent-elles d'autre but que d'élever l'ame de celui qui les contemple, la nature aurait assez fait. Qui ne sait pas combien le spectacle du vrai beau est propre à exalter les pensées de l'homme, à agrandir ses facultés, à l'éloigner de tout ce qui est indigne d'occuper sa raison, ou qui tend à l'avilir? La beauté, dit Mengs, élève l'ame au-dessus de l'humanité. Il faut bien que le beau soit le chemin qui conduit au bien, puisque c'est celui qu'a pris la nature, et que par-tout elle a étalé, sous les regards de l'homme, dont elle voulait faire un être sensé et bon, des tableaux dont les variétés ne sont jamais que des beautés nouvelles. Voyez comme elle a relégué, loin de lui, dans les rochers, sous les eaux, au fond des bois, les êtres qui, quoique anneaux nécessaires dans la grande chaîne, ne pouvaient procurer à l'homme aucune jouissance immédiate, et n'auraient fait que troubler son repos, ou fatiguer ses regards. Elle a eu une autre attention non moins remarquable, celle de donner à chaque objet un caractère extérieur analogue à son essence; elle a voulu que l'homme ne fût pas trompé par les apparences. Jetez les yeux sur ces plantes funestes dont les livides couleurs et l'odeur fétide annoncent le poison dont elles se nourrissent, et que l'observateur juge au premier coup-d'œil, comme le physionomiste lit sur le visage de l'homme. Voyez les traits que la nature a donnés à la colombe, voyez ceux qu'elle a donnés au tigre. Quelquefois, il est vrai, elle a caché l'épine sous la fleur; mais ici c'est une utile leçon qu'elle nous donne. Le hasard ne pouvait que nous préparer une foule de dangers dont mille accidens pouvaient nous cacher la présence; la Providence qui conserve, nous en offre l'emblême, et nous avertit par-là de nous tenir sur nos gardes. Au reste, c'est l'histoire de l'homme qu'elle semble lui présenter : nous ne l'avons, hélas ! que trop prouvé; nous avons appris de la nature la route qui mène au cœur, nous avons appris d'elle à exercer un empire puissant sur les facultés de notre semblable, et nous nous servons de cet empire comme d'un moyen de trahison pour verser le poison dans son ame, égarer sa raison, et dépraver tous ses goûts.

Si la nature a cherché à captiver l'homme par l'attrait du plaisir, c'est qu'en mère sage elle nous a traités comme des enfans chéris, dont elle connaissait toute la faiblesse.

L'homme, qui veut l'imiter, doit donc se proposer les mêmes vues qu'elle; c'est d'elle qu'il apprend à embellir tout ce qu'il veut offrir aux regards de ses semblables, et, comme elle, il ne doit employer ces moyens puissans, mais critiques, que pour entraîner l'homme vers un but utile. Les beaux-arts, considérés dans leur essence, tels qu'ils doivent être dans les mains de l'homme, sont donc les vrais enfans de la nature; et ils se sont livrés à une vaine déclamation, ceux qui ont avancé légèrement que les arts ne sont que les enfans du luxe; ils en deviennent plutôt les instrumens, lorsqu'on cesse de connaître leur destination, et qu'on en détourne le véritable emploi. Il n'est donc point autant philosophique qu'on a pu le croire, ce dédain pour les arts et leurs chefs-d'œuvre, que quelques hommes ont affecté dans les divers âges. Sans doute, que si le bien n'avait qu'à se montrer aux hommes pour maîtriser leurs facultés et commander leur amour, il faudrait bien se garder de le décorer d'ornemens étrangers; et l'austère philosophie dicterait alors de sages leçons en prêchant aux hommes les maximes d'une extrême simplicité. Mais l'homme institué par la nature, ne peut profiter utilement des leçons qui se trouvent en contradiction avec elle. Sa sensibilité, le besoin qu'il a d'être ému, le sentiment de sa faiblesse qui le ramène toujours auprès des objets agréables propres à le distraire, ce besoin du bonheur qui le fait tendre continuellement vers une sorte de bien-être quelconque, et auprès de tout ce qui semble lui promettre des jouissances; toutes ces impulsions naturelles sollicitent, en faveur de l'homme, les mêmes ménagemens et les mêmes moyens de service que la nature bienfaisante a pris à son égard ; et une philosophie sage doit maintenir entre ses préceptes et l'institution naturelle de l'homme, cette harmonie, cette relation absolument nécessaire pour que l'une puisse exercer utilement son influence sur l'autre, et prévenir ou ramener les écarts où elle peut quelquefois conduire.

Cette influence salutaire, les beaux-arts peuvent l'exercer avec succès. « J'ai toujours » cru, dit le philosophe de Genève, que le » bon n'était que le beau mis en action, et » qu'une ame bien touchée des charmes de » la vertu, doit à proportion être sensible à » tous les autres genres de beautés». De cette observation, ne peut-on pas induire la proposition réciproque, et dire que le sentiment du beau doit nécessairement donner celui du bien? Si l'un tient essentiellement à l'autre, et que, comme le dit Rousseau, ils aient tous les deux une source commune, l'un peut-il se montrer sans l'autre, ou sans y conduire infailliblement? Mais, comment Rousseau, qui sentait ces vérités, a-t-il pu se laisser entraîner si loin dans son indignation contre le vice, en accusant les arts d'être les auteurs des maux dont il a fait une peinture si énergique? Si le bon dérive du beau, comment celui-ci peut-il être la cause réelle et première du mal? comment les arts qui procèdent envers l'homme comme la nature elle-même, peuvent-ils être essentiellement des fléaux pour le genre humain? De grands maux ont accompagné de tout tems la culture des arts, cela n'est que trop vrai; mais encore une fois, ce sont les hommes qu'il faut en accuser: s'ils ont abusé d'une chose bonne en elle-même, ce n'est pas à cette chose que la philosophie doit s'en prendre.

Comme il serait dangereux pour l'homme de suivre toujours aveuglément l'impulsion du plaisir, vu que sa sensibilité dégénère bientôt en faiblesse, et que la pente qui mène à la dépravation étant excessivement rapide, l'homme n'est plus le maître de s'arrêter dans sa chute, les arts doivent fuir tout ce qui peut égarer le sentiment : ils peuvent, dit Sulzer, devenir des Sirènes dangereuses qui n'attirent l'homme auprès d'elles que pour le perdre. Voilà pourquoi Platon bannit la musique, le mode lydien qui ne lui semble propre qu'à détruire le courage en disposant l'ame à la douleur, et le mode ïonien qui lui paraît capable de la corrompre par sa mollesse, tandis qu'il en conserve deux autres qu'il juge propres à exciter un noble enthousiasme ou une tranquillité douce.

C'est en considérant les beaux-arts sous ce juste milieu, que l'on aperçoit de quelle utilité ils peuvent devenir parmi les hommes. En les conduisant au bien, comme le fait la nature, par l'impulsion la plus douce, et ne leur fesant acheter leur bonheur que par des plaisirs; quelle reconnaissance ne mériteront-ils pas de l'homme sensible et heureux qui leur devra presque tout ce qu'il goûtera de jouissances pures et de délassement journalier aux peines de la vie ! Ils seront, sans cesse, à ses yeux des miroirs réfléchissant cet ensemble de beautés harmoniques qui constituent

l'ordre

l'ordre fondamental; ils deviennent le supplément de la nature : en réunissant ses beautés éparses qui auraient pu ne frapper que rarement, ils les mettent en évidence sous les sens du plus grand nombre, et renfoncent souvent utilement celles qui n'auraient agi que faiblement sur des organes imparfaits ou peu exercés (1). En répétant le beau naturel, ils

(1) C'est ainsi que l'*accord parfait*, enseigné par la nature même, ne fait que renforcer des beautés que des oreilles délicates ont su apercevoir ; il les rend sensibles à celles pour qui elles seraient restées perdues. La nature ne fait qu'indiquer, pour ainsi dire, les harmoniques d'un son principal, et l'harmonie, en les développant, avec évidence, seconde la nature, et supplée ainsi à l'imperfection des organes.

Je crois qu'on peut la seconder en effet, en entrant dans ses vues, et qu'il n'est pas toujours vrai qu'en modifiant les proportions qu'elle nous présente, on fasse plus mal qu'elle, comme l'a avancé Rousseau. Pouvons-nous dire qu'il nous est donné de sentir immédiatement toutes les beautés et toute la délicatesse des œuvres de la nature? Y a-t-il donc une proportion réelle entre ces œuvres et le degré de perfection de nos organes? Qui pourrait s'occuper de réfuter cet étrange paradoxe de Jean-Jacques, « qu'il n'y a pas de meilleure harmonie que l'unisson, parce que, selon lui, c'est la plus naturelle » ? Quel est l'homme bien organisé qui pourra trouver dans l'*accord parfait* un tout plus mauvais que la simple résonnance du corps sonore? Est-il des oreilles

le rendent familier, ils accoutument les ames à ce sentiment, à ce tact qui sait le découvrir

---

auxquelles le premier déplairait plus que celui-ci? J'ai toujours pensé qu'au contraire la différence de désagrément ou de beauté que nous trouvons dans les sons de diverses natures qui frappent nos oreilles, ne vient que du développement plus ou moins sensible, ou nul, ou dénaturé, des sons harmoniques; c'est-à-dire que tantôt ils se trouvent rendus dans leur proportion la plus naturelle avec le son principal, tant par leur distance que par leur intensité, ce qui produit de beaux sons; tantôt ils se trouvent affaiblis ou entièrement étouffés, et d'autres fois ils ne sont plus que des sons étrangers produits à des intervalles dissonnans et formant, par leur ensemble, un résultat qui blesse l'oreille. Je crois conséquemment que les sons qui nous plaisent le plus, sont ceux qui portent avec eux les harmoniques dans leurs justes intervalles et d'une manière plus sensible; cette opinion paraît entièrement d'accord avec l'expérience. On sait qu'il faut une oreille bien plus exercée pour distinguer ces sons partiels dans le son d'une pincette, que pour les apercevoir dans celui d'une corde de violoncelle. Pour qu'un son nous plaise, il faut qu'il se soutienne avec une intensité décroissante, c'est-à-dire qu'il ne s'éteigne que par degrés; il se développe mieux à l'oreille, elle a le temps de l'apprécier, de l'analyser; cet amortissement graduel est celui qui s'accommode le mieux à notre manière de sentir. Notre ame n'est pas faite pour recevoir des impressions d'un instant qui portent tout avec elles, et dont il faut apprécier sur-le-champ la totalité; voilà pourquoi un son quelconque nous choque toujours, lorsqu'il est sec, qu'il par-tout où il est ; ainsi les arts, en formant le goût, mettent peu-à-peu l'ame dans une telle situation, qu'elle ne peut plus supporter des disconvenances sans être choquée par

---

finit aussitôt qu'il a commencé ; et le plus beau son finit par nous fatiguer, s'il est prolongé long-temps avec son intensité primitive, parce que, dès que nous l'avons apprécié, l'oreille est satisfaite et n'a plus rien à lui demander : à moins qu'une harmonie savante ne déploie, pendant sa durée, des richesses successives qu'elle en fait rejaillir, qui en détruisent alors la monotonie et le rendent toujours nouveau : semblables à ces fleurs variées qui s'élèvent par-dessus un vaste tapis de verdure et font par-tout avec lui un accord heureux de couleurs et une diversité enchanteresse. Je compare un son plein et moelleux qui déploie successivement les harmoniques qu'il engendre, à un assemblage de beaux objets qui se présentent d'abord à mes yeux tous à-la-fois et qui défilent ensuite l'un après l'autre. Si la vue d'un bel édifice nous plaît au premier coup-d'œil, elle nous donne plus de plaisir encore, lorsque nous saisissons ensuite les détails et les rapports des parties entre elles.

Le beau dans le son, comme le beau visible de quelque espèce qu'il soit, ne consiste que dans l'harmonie ; tout est harmonie dans la nature, tout doit être harmonie dans les productions des arts.

Cette note, qui pourra paraître longue, n'est pas étrangère à l'objet dont nous nous occupons : elle tend à justifier le procédé des arts qui modifient quelquefois les lois de la nature, mais qui ne s'écartent d'elle que pour mieux l'imiter.

le sentiment qu'elle éprouve de l'absence de l'ordre. Or, qu'est-ce que le mal moral, sinon une disconvenance, une faute contre l'ordre fondamental des choses? Ainsi, le goût moral dérive du goût ordinaire, et le sentiment du beau, mène, comme nous l'avons dit, à celui du bien; l'on ne peut désirer l'un sans souffrir de l'absence de l'autre. Le méchant est un homme dont le sentiment s'est dépravé, et qui a cessé de goûter cet ordre naturel et cette harmonie fondamentale qui font l'essence des beautés de tous les genres. D'après ces réflexions, je croirais pouvoir dire que le méchant sera rarement un homme de goût, même en fait des productions de la nature et des arts. La pensée de Jean-Jacques est profonde, et de quelque côté qu'on étende les observations que l'on peut faire à cet égard, cette vérité reparaît sans cesse, et toujours avec une force nouvelle. Combien de secours il a prêté à la cause des beaux-arts par une seule maxime! il ne s'est pas douté qu'avec deux mots seulement, il avait renversé tout le système d'accusation qu'il a soutenu si éloquemment contre eux.

Mais cessons de généraliser nos réflexions sur les arts, et considérons les avantages particuliers de la Peinture, sous le double rapport des agrémens et de l'utilité qui en résultent.

Voyez d'abord quelle source féconde de plaisirs elle présente, quelles jouissances précieuses elle peut procurer à chaque instant aux hommes ! La Peinture embellit nos habitations ; elle nous y fait retrouver les beautés de la nature qui nous ont charmés ailleurs et qui nous charment encore par le souvenir ; elle nous retrace ces beaux sites, ces rochers agrestes, ces forêts majestueuses, ces bocages frais qui nous donnèrent par fois de vives émotions, de fortes secousses ou une douce mélancolie. L'image de ces objets réveille les pensées qu'ils inspirèrent et reproduit nos jouissances en y ajoutant un charme de plus, celui qui naît du prodige de l'imitation que nous remercions vivement du bienfait qu'elle nous présente.

La Peinture anime la solitude la plus retirée ; elle réunit, sous un même point de vue et au même instant, le spectacle des contrées diverses et des productions les plus lointaines de la nature. Elle porte l'esprit dans des régions nouvelles, et expose devant lui le tableau de tous les climats et de toutes les saisons. Elle rassemble à peu de frais les productions variées des trois règnes, et supplée en partie à l'impuissance assez fréquente de mettre la nature elle-même en spectacle aux yeux du curieux; elle épargne ainsi les voyages ou les transports pénibles, et l'Art offre toujours un second plaisir à côté de celui que donne l'objet imité.

La Peinture évoque le souvenir des tems passés, et l'on revoit avec satisfaction les faits et les personnages dont l'esprit s'est occupé; on aime à s'associer à tous les temps, à tous les lieux, et faire, pour ainsi dire, par intervalles, quelques visites au genre humain. On parcourt avec intérêt ces monumens divers, ces vestiges des antiques constructions, derniers restes que le tems achève de dévorer, tous ces augustes échantillons des chefs-d'œuvre de nos ancêtres; et ces copies fussent-elles mêmes peu fidèles, l'imagination, dans ce genre d'objets surtout, aime à se reposer sur quelque chose de visible; et pourvu que ce qui frappe les yeux, ressemble en quelque chose aux fantômes qu'on s'était formés d'avance, on s'associe de bonne foi aux monumens que rappellent ces ruines, on croit avoir vu des œuvres de l'antiquité.

La Peinture est le plus riche des arts de

dessin, puisqu'elle copie les productions des autres, ce que ceux-ci ne peuvent faire à son égard; elle est encore le plus riche, parce qu'elle embrasse un plus grand nombre d'objets et une plus complète intégrité, si l'on peut s'exprimer ainsi, dans leur imitation; c'est ce qui la rend plus propre que les autres arts à former le goût; elle y concourt puissamment en reproduisant fréquemment et les beautés diverses de la nature en elle-même, et les traits du beau répandus sur les œuvres des grands maîtres.

Mais les plaisirs les plus vifs que donne la Peinture, sont ceux qu'elle fait naître lorsqu'elle s'adresse au cœur. Demandez-en compte à ce fils sensible que la nécessité arrache du sein paternel, à celui qu'une vénération religieuse entraîne chaque jour auprès de l'image de ses aïeux, et qui y trouve d'abord un attendrissement qui rend plus impérieux ensuite et plus puissant le langage de la vertu que lui prêchent ces portraits respectés. Avec quelles délices un époux vertueux et sensible ne contemple-t-il pas l'image d'une compagne chérie dont il est séparé. Et si l'on ôtait à l'amant passionné le portrait de la jeune amie, dont il cherche sans cesse les traits adorés dans ce miroir bienfaisant, ne serait-ce pas lui ôter plus que la vie ? Et toi, douce amitié ! combien n'as-tu pas de grâces à rendre à cet Art enchanteur qui fait oublier l'absence et satisfait à chaque instant tes voeux ! Tes désirs moins ardens se contentent des jouissances qu'il te procure ; l'image d'un ami te suffit dans le calme qui t'environne ; elle remplit, avec plus de succès, l'intervalle qui vous sépare.

Enfin, il n'est pas de jouissances pures que la Peinture ne puisse procurer ; c'est beaucoup dire à son avantage : les plaisirs innocens épurent le cœur, l'habitude d'en goûter tend à la longue à améliorer les mœurs.

La Peinture n'est pas toujours muette aux yeux du vulgaire, et tous les hommes sont appelés à jouir de ses bienfaits. L'imitation, qui frappe assez généralement tout le monde, donne une sorte de plaisir aux personnes les moins sensibles aux productions des arts. Qui ne sait pas que l'homme des champs, l'agriculteur le plus simple, se réjouit quand il rencontre l'image des instrumens de ses travaux ou des animaux qui sont habituellement sous ses yeux ? Mais il contemple surtout avec un vif intérêt le portrait des personnes qu'il aime, et ce plaisir va quelquefois jusqu'à l'enthousiasme. D'autres fois, l'image d'un bienfaiteur qui n'est plus, fait couler ses larmes en abondance; les pleurs de la reconnaissance ne coulent pas sans volupté. Or, c'est un effet bien salutaire de la Peinture, que celui qui renouvelle une des plus douces vertus dans le cœur humain, et qui augmente ainsi la masse du bien parmi les hommes.

Les effets de la Peinture sur l'homme privé ne se bornent donc pas aux jouissances journalières qu'elle lui procure; l'utilité morale en est souvent un autre fruit plus précieux. Nous venons de citer quelques occasions où cette utilité n'est pas équivoque, nous allons en indiquer d'autres.

L'image des grands hommes, qui ne se présente jamais sans rappeler leurs vertus ou leur génie, peut ranimer l'amour des unes ou exciter une utile admiration de l'autre; elle peut faire rougir le vice, ou par un enthousiasme qui agrandit les facultés de l'ame, développer des forces inconnues, et soutenir de longs efforts par une émulation puissante.

Des traits historiques bien choisis, pris dans des circonstances, et avec des accessoires analogues aux moyens de l'Art, produiront de grands effets; ils retraceront avec énergie la vicissitude des événemens, l'inconstance de la fortune. Qui ne sentira pas toute l'incertitude de la vie humaine à la vue de la mort d'Eschyle, cette mort ne fût-elle même qu'allégorique ?

La Peinture peut offrir, sans cesse, aux yeux du Sybarite, les misères de l'humanité; et à force de l'importuner par l'image des maux qui sont aussi près de lui que du dernier indigent, jeter peut-être dans son ame quelques semences utiles de réflexion. Elle peut montrer à l'homme toute sa faiblesse; elle peut l'épouvanter par le spectacle des douleurs qui le menacent. Elle peut lui présenter les funestes effets des passions qui égarent la raison et des vices qui la dégradent. Que ne peut pas sur une ame capable de sentir le tableau du vice dans toute sa laideur ? l'effet en sera bien plus assuré que celui du discours le plus éloquent; il est plus facile d'ébranler l'imagination que l'esprit, et l'œil offre le chemin le plus court pour arriver à l'ame. « Maîtres, dit Jean-Jacques, peu de discours; » donnez toutes vos leçons en exemples, et » soyez sûrs de leurs effets (1) ». Rappelons-

(1) Emile, *tom. II.*

nous celui qu'il nous rapporte de ce jeune homme, introduit par son père dans un hôpital de débauchés livrés à d'infames maladies et aux plus affreuses douleurs, et qui se souvint de la leçon toute sa vie. C'est ainsi qu'en agissaient les Spartiates qui enivraient des Ilotes, et les jetaient sous les yeux de la jeunesse.

Si la Peinture ne présente pas le vice en action réelle, c'est un bienfait de plus que nous lui devons : elle répète des scènes qui pourraient ne pas frapper souvent les regards, dont on ne saurait trop désirer la rareté, mais qu'on ne saurait trop rappeler aux hommes. Elle multiplie l'image des douleurs et celle des crimes, sans augmenter la masse des maux sur la terre, et les fait servir utilement à l'humanité et à la vertu, sans que la nature ou la raison aient à gémir sur l'exemple même.

Un spectacle inattendu, en donnant à l'ame une secousse imprévue, peut y jeter quelquefois tout-à-coup le germe de la vertu. Pourquoi ne verrions-nous pas se répéter l'influence salutaire de l'image de Polémon ?

Mais si vous voulez qu'en général vos tableaux exercent un effet puissant sur l'ame des spectateurs, mettez-y en action l'espèce d'ébranlement et de sensation que vous voulez produire; choisissez vos personnages dans la classe d'hommes que vous avez en vue, et affectez-les de la même manière que vous voulez affecter ceux-ci : c'est-à-dire, au lieu de ne présenter, par exemple, que le châtiment du crime, placez auprès de ce spectacle le crime lui-même dans l'épouvante; le scélérat sera ébranlé par l'effroi de son semblable, vous aurez établi ainsi une espèce de conducteur qui transmettra la secousse dans son ame, et vous aborderez cette ame par le seul point peut-être où elle soit accessible. Je pourrais développer cette idée qui me paraît très-importante, l'appliquer à tous les genres d'effets que se promet la Peinture, et l'appuyer d'une foule d'exemples tirés de l'expérience de tous les jours; mais le lecteur m'entend, et je dois lui épargner ce qu'il saura voir lui-même. Poursuivons notre objet.

En présentant l'image de ces aspects sombres et sauvages, de ces sites imposans par le caractère de grandeur, d'aspérité et de désordre qu'ils déploient, des scènes terribles et des grandes catastrophes de la nature, enfin de tous ces objets capables de maîtriser toutes les facultés de l'homme, et de lui faire sentir vivement sa dépendance, la Peinture peut remplir ainsi l'ame d'une terreur salutaire, lui donner des pensées profondes et anéantir en elle le sentiment des petites choses.

D'autres fois, en saisissant la nature là où elle se pare de beautés d'un genre plus doux, là où elle brille de toute son harmonie et de tous ses charmes, l'Art ramenera l'homme auprès d'elle et aux plaisirs de l'innocence qu'elle seule peut faire goûter. Quelques scènes choisies parmi ces hommes simples, exempts de vices et de remords, et se livrant à des jouissances pures dont la nature champêtre accroît les délices, pourront produire à cet égard les plus heureux effets. Dubos a cessé de lire dans le cœur de l'homme, quand il a avancé cette étrange assertion, « qu'il » n'est rien dans l'action d'une fête de village » qui puisse nous émouvoir (1). »

La nature, dans toutes ses œuvres, dans tous ses tableaux, dans tous les détails du grand théâtre où elle étale ses merveilles, donne sans cesse des leçons à l'homme ; et celui qui lit journellement dans ce beau livre toujours ouvert, toujours intelligible, mé-

(1) Réflex. crit. sur la Poés. et la Peint. *sect.* 6.

prise trop le vice pour s'y laisser entraîner, et ne connaît que de nom ces passions dangereuses qui subjuguent l'ame ou ces vices honteux qui la corrompent. Or, la Peinture peut répéter presque toutes les leçons de la nature ; elle fait plus : elle les fait entendre là où la nature ne peut les donner elle-même ; elle les répète au sein des villes, dans les prisons où nous enfoncent le tracas des affaires et les soins de la vie ; elle les porte dans les palais du riche, et va y arracher des soupirs ; elle y présente le repos et le bonheur attachés à la vie simple de l'homme libre et retiré, et appesantit sur la tête de leurs hôtes malheureux le poids accablant de l'espèce d'existence à laquelle ils se sont condamnés. Elle leur montre la nature dans un aimable désordre, à côté des écarts somptueux auxquels l'opulence s'est livrée, et effaçant, avec ses modestes attraits, toute la vaine symétrie que le luxe a imaginée. Ce rapprochement force l'homme à goûter des beautés simples, et à reconnaître la vanité de ce qui l'entoure. Ce genre de contraste ne se fait jamais mieux sentir qu'en Peinture ; le tableau du plus beau jardin, n'inspire aucun intérêt à côté du plus simple paysage. Ainsi, l'art dirige ses effets contre les ouvrages de l'art même, pour ramener l'homme auprès de la nature. Celui dont nous nous occupons, qui, comme les autres, est l'enfant de cette nature, n'agit pas ici en fils ingrat; c'est un hommage qu'il fait rendre à celle dont il tient lui-même tout son mérite. Et remarquez que c'est là la seule circonstance où la Peinture soit un miroir fidèle des beautés, du mérite ou de la médiocrité des formes, puisqu'en tout autre cas elle embellit les objets les plus indifférens, lorsqu'ils sont pris dans la nature ou que du moins ils ne sont pas en contradiction avec elle.

Si je parlais maintenant des autres avantages que présente la Peinture, des usages même indispensables auxquels on l'emploie dans toutes les sciences physiques, dans l'histoire de la nature, la théorie des arts, les récits des voyageurs, ceux des historiens, non-seulement pour le service de telle génération qui passe, mais pour transmettre à la postérité le dépôt général des connoissances humaines et des arts utiles, dépôt magnifique qui, comme nous l'avons dit, rend l'homme riche de toutes les pensées et de toutes les découvertes de l'espèce entière, j'entreprendrais un tableau dont les détails multipliés passeraient de beaucoup les bornes que nous devons nous proposer ici. Je ne fais qu'indiquer les principaux avantages d'un art dont l'emploi si répandu peut tout embellir, et multiplier autour de l'homme les charmes de l'existence : art sublime, qui fait le plus grand honneur au génie humain, qui réveille l'attention et excite l'intérêt de tous les siècles et de tous les peuples, de l'homme de la nature comme de l'homme policé, de l'enfant comme de l'homme fait qui raisonne sur ses sensations : art précieux, qui peut faire quelque chose pour le bonheur de l'homme et contribuer à le rendre meilleur.

J'ai beaucoup omis sans doute des avantages qui peuvent être le fruit de ce bel art ; mais il n'est pas aisé de tout dire, et j'en ai assez dit pour ceux qui connaissent ces avantages et qui les apprécient ; j'en ai encore assez dit pour les ennemis des arts, qu'une plus longue énumération ne convaincrait pas mieux.

Si la Peinture, comme d'autres branches du génie ou de l'industrie de l'homme, a plus d'une fois été placée au rang des choses inutiles, ce n'a pu être que d'après les abus qu'en font journellement ces artistes glacés qui

qui méconnoissant la vraie destination des arts, et incapables de la concevoir et de s'élever jusqu'à elle, ne font des tableaux que pour faire de la peinture. Ces productions oiseuses, que les hommes bornés ne manquent jamais de confondre avec l'Art lui-même, ressemblent à ces plantes inutiles qui se multiplient de toute part auprès des autres dans un jardin négligé. Cet abus qui, malheureusement, n'est pas le plus à craindre, devrait sans doute être réformé dans les arts comme dans les lettres; ce serait un hommage rendu au génie et à la raison. « Je » ne voudrais pas, dit un célèbre Anglais, » que la presse, cette source publique de la » renommée, fût ouverte à l'esprit seul, s'il » n'apporte pour tout mérite qu'une beauté » stérile, et s'il n'a d'autre but, en fixant » son image sur le papier, que d'y contem- » pler, épris de lui-même, ses vains agré- » mens et ses charmes inutiles (1) ».

Mais il se présente un reproche plus important, celui des dangers et des conséquences funestes qui suivent la culture des arts d'imitation. Celui-ci, je l'avoue avec

(1) Young, *Conject. sur la composit. origin.*

amertume, ne me paraît, hélas! que trop fondé. Il tient de trop près à la question morale et politique que j'examine, et j'ai trop à cœur les intérêts des mœurs et de la vertu, ces seuls fondemens de la félicité humaine et de la durée des empires, pour ne pas entrer ici dans quelques détails. Je dirai la vérité toute entière et je la dirai avec courage; quel est l'écrivain assez lâche qui peut caresser les vices et la dépravation des hommes et ménager les ennemis des mœurs? L'indignation de l'homme de bien s'enflamme d'elle-même contre les corrupteurs de l'innocence, qui dépravent les générations entières, et versent à grands flots leur poison dans la société; or l'indignation de la vertu ne compose jamais avec le crime.

Observons d'abord combien les passions de l'homme s'allument facilement; son cœur est un bûcher qu'une étincelle embrase quelquefois sur-le-champ. La jeunesse est un instant de crise où les passions fermentent surtout avec plus de violence; c'est une fièvre inflammatoire dont la plupart des circonstances extérieures sont propres à agraver le caractère. Les désirs germent et se développent, avec une promptitude accélérée à chaque instant par une foule d'objets qui frappent les yeux du jeune homme ; chaque occasion nouvelle augmente son agitation et son inquiétude. Il trouve, dans les livres et dans les productions des arts, de quoi satisfaire l'avide curiosité qui le poursuit ; il cherche à déchirer le voile qui l'importune et à envisager librement ce que les circonstances journalières ne lui montrent pas assez à découvert. C'est alors que les romans, la peinture et la sculpture secondent puissamment son imagination.

Je consulte les productions trop ordinaires des écrivains et des artistes, et je frémis à la vue des maux qu'elles préparent. Il n'est pas même besoin de porter d'abord les yeux sur celles qui partent d'une main coupable, pour apercevoir les dangers sans nombre qui menacent l'innocence et la faiblesse, et les traits enflammés qui vont attiser les passions. L'une des Muses de Praxitèle n'excita-t-elle pas une sorte de désirs violens chez un chevalier romain ? Un Amour de cet artiste produisit le même effet sur des filles de Rhodes. On sait qu'un jeune homme devint amoureux d'une Vénus que possédaient les habitans de Gnide : *Venus autem alia*, dit

Clément d'Alexandrie, *erat in Cnido lapis, et erat pulchra; alius eam amavit et cum lapide Veneris habet consuetudinem..... Tantùm ars valuit*, ajoute-t-il, *ad decipiendum, quœ homines amori deditos illexit in barathrum* (1). Cet auteur rapporte qu'une peinture exerça le même pouvoir sur un autre jeune homme. On connaît l'histoire de celui qui se laissa enfermer dans un temple pour assouvir une passion de ce genre, et le délire de ce jeune Athénien qui, n'ayant pu obtenir d'acheter une statue qu'on admirait au Prytanée, dont il était devenu passionné, lui fit un sacrifice, et se donna la mort à ses pieds..... Pères de familles, tremblez au récit de ces exemples qui ne sont point aussi éloignés de nous que vous pourriez le penser! Je rougirais d'en rapporter ici quelques-uns qui ne seraient que trop propres à prouver que les modernes, en fait d'excès, ne le cèdent pas aux anciens. Je me contenterai de dire que j'ai été plus d'une fois témoin de l'agitation excessive que produisaient sur de jeunes personnes des peintures faites avec beaucoup de vérité et de fraîcheur, quoique d'ailleurs très-

---

(1) *Clement. Alexand. Orat. adhort. ad gentes.*

réservées. Qui n'a pas été dans le cas de faire fréquemment la même observation ? Le pouvoir de l'imitation sur une imagination échauffée n'est pas une chimère; il est telle situation de l'ame et telle agitation des sens, où les ouvrages de l'Art cessent d'être une pure imitation aux yeux de ceux qui les contemplent ; on ne voit ni l'ouvrage ni l'artiste, on n'est frappé que de l'objet représenté : l'imagination est trop occupée pour que l'Art ait sur elle la moindre prise.

Mais que dirai-je de ces peintures obscènes qui présentent aux yeux d'une jeunesse avide et passionnée tous les écarts de la dépravation, tout ce qu'une imagination déréglée peut concevoir de plus lascif ? quels funestes effets ne produiront pas sur elle ces objets dangereux ! ils jetteront dans tous les sens une effervescence et un embrasement que rien ne pourra plus éteindre : l'impression profonde qu'ils auront faite, étendra ses effets sur le reste de la vie. Il faut connaître tout ce que l'agitation des sens soulevés avec fureur a d'impérieux sur toutes les facultés de l'homme, pour sentir combien il est difficile d'opposer ensuite des digues à ce torrent une fois déchaîné. Et que deviendra l'innocence.

à la vue de ces images qui ont jeté le poison avec la rapidité de l'éclair, avant même que l'attention ait eu le temps de se développer? Les livres ont fait sans doute beaucoup de mal aux mœurs; mais combien les peintures dont nous parlons produisent un effet plus prompt et plus assuré! le livre peut rester fermé, les traits empoisonnés qu'il contient, n'en jaillissent qu'à la lecture, et il faut du temps pour lire. Mais une peinture frappe les yeux d'elle-même, elle présente à-la-fois et dans un instant tout le poison qu'elle peut verser dans le cœur; elle saisit les sens indépendamment de la volonté, et avec ces puissans instrumens, elle a bientôt achevé son ouvrage. Un regard, même involontaire, en attire toujours un autre, et qui ne résiste pas est déjà vaincu. La vue frappée par les objets, dit Plutarque, ne peut s'empêcher de voir tout ce qui s'offre à elle, utile ou inutile, bon ou mauvais; mais il n'en est pas ainsi de l'esprit dont on se sert à sa volonté (1). D'ailleurs, dans les livres, la corruption est quelquefois masquée sous des

(1) *Plut. in Pericl.*

équivoques qui échappent à l'innocence ; mais dans la Peinture, il n'y a pas d'équivoque.

C'est peut-être une question à résoudre de savoir quels sont ceux qui peuvent faire le plus de mal aux mœurs, des peintres dépravés qui prostituent leur pinceau, ou des écrivains dont la plume corrompue distille le venin de leur imagination. Les derniers ont sans contredit multiplié les productions des autres, et ces productions en sont devenues susceptibles d'une influence bien plus puissante par leur application aux écrits qu'elles accompagnent ; ainsi les uns et les autres se prêtent un funeste secours pour corrompre et dégrader le cœur humain et se disputent l'horrible gloire du succès !...... Sans les infames sonnets de l'Arétin, les gravures obscènes de Marc-Antoine n'auraient pas paru, ou les productions arbitraires de l'imagination de cet artiste ou du peintre qui les lui aurait fournies, eussent été moins célèbres et moins recherchées.

C'est à cette foule d'écrits pervers dont nous sommes inondés, que nous devons la plus grande partie de ces compositions scandaleuses qui se multiplient aujourd'hui dans tous les genres de peinture, comme nous devons tous nos tableaux mythologiques aux rêveries des poëtes. Les écrivains présentent les sujets sous mille formes et développent aux artistes des compositions nombreuses auxquelles ceux-ci donnent un corps ; c'est ainsi que pour en rendre l'effet plus universel et plus assuré, ces derniers les traduisent pour les sens les plus faciles à aborder, et préparent un poison propre à attaquer, pour ainsi dire, l'ame sur plusieurs points à-la-fois et à accélérer sa défaite. Tous les moyens de l'Art sont employés pour parvenir à ce but affreux avec plus de célérité. La Miniature, en rendant portatifs les instrumens de la corruption, ménage ainsi une attaque continue de tous les lieux et de tous les instans. La Gravure, dont les anciens n'ont pas connu les avantages, mais dont ils ont aussi ignoré les funestes abus, la Gravure centuple les productions d'un coupable crayon, et fournit au libertin les moyens de tapisser ses cabinets des objets favoris dont il aime à repaître sans cesse son imagination, et qui servent ainsi à nourrir habituellement le feu qui le consume et la débauche qui l'abrutit.

O vous! artistes ou écrivains, qui transmettez sur le papier, sur la toile ou sur le marbre les abominables conçeptions qu'enfante votre imagination corrompue, avez-vous calculé la mesure de maux que vous allez verser dans la société? Quel démon vous inspire ce funeste délire? vous trouvez donc une sorte de jouissance à entraîner le plus grand nombre possible de vos semblables dans la fange où vous vous traînez? votre espoir est donc de concourir à dépraver, s'il se peut, le genre humain tout entier, et à faire disparaître l'innocence de dessus la terre? vous avez donc souri à l'aspect des générations futures perdues de vices et de corruption par la contagion que vous soufflez vers elles?.... Malheureux! je vous compare au scélérat qui attend le tranquille voyageur sur la route, et lui enfonce impitoyablement le poignard dans le sein; à cet homme lâche et cruel qui prépare dans l'ombre une vengeance secrète, et choisit du fer ou du poison ce qui peut le mieux servir ces noirs projets; je vous compare à toutes les espèces de monstres que le temps à produits pour le malheur des hommes, et par-tout je ne trouve que des crimes au-dessous des vôtres. Celui qui déchire le sein de son frère, qui désole une famille, qui brûle la maison de son voisin, ne commet qu'un forfait individuel; les vôtres se perpétuent et se renouvellent à chaque instant: ils étendent leurs effets sur les générations successives. Les scélérats ordinaires n'attaquent que l'individu, et vous attaquez l'espèce entière.

Hommes vertueux et éloquens! vous qui pouvez faire entendre parmi nous une voix puissante et terrible, appelez sur ces êtres coupables la malédiction de vos contemporains et des tems à venir; élevez votre voix contre les ennemis de la morale et des vertus, faites-la retentir dans tous les siècles, et que vos cris et vos plaintes amères portent jusqu'à nos derniers neveux, à côté des productions du crime, toute l'indignation de la vertu qui s'éleva contre elles!.... Eh quoi! tant de plumes corrompues célèbrent les vices les plus affreux et les embellissent! tant d'écrivains consacrent la perversité des mœurs, ridiculisent l'innocence ou la séduisent! et si peu de voix s'élèvent en faveur de la raison et de la vertu!...... Je promène mes regards sur les champs de la littérature et des arts, et par-tout je rencontre des sujets d'amertume et de douleur: les plus grands génies des nations ont payé leur tribut à la corruption de leur siècle et ont préparé celle des siècles suivans.... Non, on ne peut calculer tout le mal que peut faire dans la société un grand nom à côté de la licence, semblable à ces divinités remplies de vices, que Platon accuse de ne présenter aux hommes que de grands excès justifiés par de grands exemples.

Si les productions des hommes célèbres servent à étayer puissamment le crime par l'appui qu'elles lui prêtent et la séduction dont elles l'entourent, il est un ordre inférieur d'écrivains qui ne produisent pas des maux moins funestes, parce que leurs œuvres, étant à la portée d'un plus grand nombre de lecteurs et se trouvant d'ailleurs plus multipliées, elles versent le poison en plus grande abondance et sur une surface plus étendue. Je ne parle pas même ici des auteurs de ces livres affreux où l'obscénité est exposée dans toute sa laideur, et dont je rougirais de prononcer seulement les titres; je n'indiquerai que ces nombreux éditeurs de romans licencieux ou ridicules, qui, à-la-fois, corrompent le goût, aliènent la raison et dépravent le cœur. Ces romans, en accoutumant l'esprit au merveilleux des aventures, à de vaines futilités, à des riens renouvelés sous mille formes, rendent insipide toute lecture sérieuse; en présentant sans cesse des personnages pris hors de la nature inconnue à leurs auteurs, ils donnent une fausse idée du monde et des choses, et accoutument à ne chercher que des chimères. En parlant sans cesse à l'imagination, ils éteignent les facultés de l'esprit; en remuant les sens à chaque instant, ils développent toute la fureur des passions; en présentant le vice sous des couleurs agréables, ils le font aimer et accoutument à persiffler les mœurs et toutes les vertus sociales. Les romans n'ont-ils pas été le dépôt de toutes les maximes licencieuses des auteurs dépravés? n'en a-t-on pas fait des tableaux de la débauche en action? Un auteur célèbre a dit: « Il faut des spectacles dans les » grandes villes et des romans chez les peu- » ples corrompus (1) ». Les romans ont d'abord préparé la corruption; faut-il donc augmenter le mal par la cause du mal même? ou faut-il employer cette cause pour détruire son propre effet? Dans ce dernier cas, quel

(1) Préface de la Nouv. Héloïse.

siècle eut jamais plus besoin de romans que le nôtre ?..... Ecrivains sensibles, qui avez conservé une ame pure et qui voudriez faire germer la vertu dans tous les cœurs, écrivez donc des romans, et faites comme ces médecins habiles qui savent tirer parti des poisons les plus actifs en faveur de la santé de l'homme. Assez long-temps on a abusé du bien pour produire le mal, qu'au moins une fois les instrumens du crime deviennent, entre les mains des hommes, ceux de la vertu, et que les romans guérissent les plaies affreuses qu'ils ont faites aux mœurs, comme la peau de ces animaux malfaisans, qui arrête l'effet du venin mortel qu'ils viennent de répandre. Ainsi prenant vos semblables par leurs propres faiblesses, et sacrifiant en apparence aux futilités de votre siècle, vous combattrez les vices des hommes par leurs vices mêmes.

Le philosophe qui s'intéresse à la cause des mœurs ne doit consulter que son zèle, rien ne doit l'arrêter dans sa louable et pénible mission. Eh ! qu'importe au sage le dédain des sots ou des méchans ? J'avoue qu'il est peu de fruit sans doute à attendre des leçons de vertu que l'homme de bien cherche à jeter dans la société ; mais les générations se succèdent, les hommes vertueux de tous les siècles applaudiront à ses efforts, et ne fît-il qu'un prosélyte à la vertu, il aura honoré sa carrière. Si les hommes sont sourds à la voix de la raison, il gémira sans doute, mais il aura rempli son devoir, et il ne trouvera pas moins, dans le suffrage de sa conscience, la récompense qu'il aura méritée.

Et vous, jeunes gens, sur qui la génération actuelle aimerait à mettre ses espérances ; mais en qui elle ne trouve que des sujets d'inquiétude et de douleur, essayez d'envisager l'état de dégénération où vous êtes plongés au premier développement de vos facultés naturelles ; jetez les yeux avec attention sur les objets déplorables qui vous occupent et sur la sphère où vous vous traînez. Ce premier essai de la réflexion vous fera rougir ; ce sera un premier pas vers la raison qui doit vous éclairer. Quittez les lectures dangereuses qui vous séduisent et ne vous donnent pas même les faux plaisirs qu'elles vous promettent. Ces livres qui vous trompent, sont des serpens dont vous n'apercevez pas la cruelle piqûre, mais un jour elle se fera sentir ! Repoussez ces leçons affreuses du vice et de la corruption qui ne vous préparent que des tourmens et des remords. Vous croyez jouir : vous courez après des fantômes qui se jouent de votre faiblesse. Vous vous repaissez des songes d'autrui, vous vous jetez dans les détails de mille aventures chimériques qui vous étourdissent, vous dévorez des volumes ; et que vous reste-t-il de ce ridicule emploi d'un temps précieux qui ne reviendra plus? Votre raison s'égare, votre tête se dérange, vos sens s'enflamment, vous perdez votre innocence, et vous allez peut-être vous jeter dans les derniers excès de la débauche ! Mais ce qui du moins sera le fruit assuré de ces lectures qui remplissent vos plus beaux jours, c'est que votre esprit, loin de se cultiver, s'étouffe pour toujours ; les facultés que la nature vous avait données, resteront dans l'état de nullité où vous les retenez, et vous ne cueillez pour l'avenir que des épines qui vous déchireront le cœur. Le tems de l'instruction et du perfectionnement de l'homme sera passé pour vous, et il ne vous restera que le vide affreux que vous aurez creusé sous vos pas. O jeunes gens ! connaissez mieux la route du bonheur ! déchirez le voile qui couvre vos yeux, et pénétrez-vous de la dignité de l'homme ; cherchez des jouissances que le remords ne trouble jamais, et qui puissent, dans chaque âge, vous faire goûter les mêmes douceurs. Brisez ces hochets ridicules qui vous amusent ; élevez-vous au-dessus de ces riens qui vous séduisent, et reconnoissez enfin toute la petitesse du rôle auquel vous vous destinez.

Un jour vos semblables chercheront en vous des hommes, vos enfans chercheront des pères et la patrie des citoyens. Combien vous serez méprisables de n'avoir à offrir aux uns que des êtres dégénérés et l'exemple scandaleux du crime ! à ceux-là que de coupables modèles propres à perpétuer dans leurs descendans leurs vices et leur dépravation, et à celle-ci qu'un fardeau odieux et déshonorant !

Jeunes gens ! entendez ma voix ! voyez devant vous la carrière brillante des arts et de l'instruction ! voyez le grand livre de la nature où chaque page vous promet un plaisir nouveau ! Ah ! c'est ici que l'on trouve des jouissances pures et toujours complètes ! c'est ici que la volupté est sans mélange ! Je voudrais pouvoir vous apprendre quels sont les plaisirs que donnent l'étude et les mœurs ! La culture des arts jettera des fleurs sur tous les instans de de votre vie; l'étude de la nature et des merveilles innombrables qu'elle offrira à vos regards, vous donnera une riche moisson de connaissances utiles qui animeront l'univers sous vos yeux, et vous feront trouver de l'intérêt dans tout ce qui se présentera à vous. Votre vue s'étendra, vos pensées s'agrandiront, votre ame s'élevera, et alors seulement vous apprendez ce que c'est que d'être homme. A mesure que votre œil mesurera l'étendue de l'horison nouveau que vous aurez découvert, vous vous apercevrez de la brièveté de la vie, et vous sentirez vivement tout le prix du tems que vous dépensez aujourd'hui avec tant de légèreté. La culture des sciences développera peut-être en vous de grands talens dont vous alliez étouffer le germe, et vous élevera jusqu'au niveau des hommes célèbres que leur génie a immortalisés; du moins, elle vous donnera les moyens de remplir par-tout un poste honorable, et de servir utilement votre patrie. Songez que vous devez à la société le tribut de vos facultés, et que la patrie a le droit de vous demander compte de votre existence.

Pour vous qui aimez à vivre dans le monde et au sein des cercles nombreux que vous parcourez, au lieu de cette écorce légère qui n'en impose qu'à des sots, portez-y des talens réels, des connaissances certaines, et vous pourrez vous applaudir des suffrages que vous y rencontrerez; et quand la nécessité ou les circonstances vous rendront à vous-mêmes, vous trouverez encore dans la solitude de quoi vous suffire, et par-tout vous porterez avec vous un fonds précieux que le tems ne pourra vous ôter.

On trouve, dans le code de toutes les nations, des lois qui punissent les attentats contre les gouvernemens, on en trouve qui veillent à la sûreté particulière; les législateurs des peuples ont tout fait pour l'intérêt matériel des hommes, ils n'ont rien fait pour les mœurs. Quel est celui qui attaque les bases fondamentales des empires? quel est le véritable ennemi du bonheur social? N'est-ce pas celui dont la plume corrompue, dont le crayon ou le ciseau égaré préparent un poison funeste destiné à couler dans toutes les branches du corps politique, et à le dépraver dans toutes ses parties? celui qui éteint les vertus actuelles ou qui étouffe le germe des vertus naissantes au moment de leur développement? celui qui renverse tout ce qu'il y a de plus sacré parmi les hommes, et leur apprend à fouler aux pieds leurs devoirs ? celui qui porte le sommeil d'une lâche volupté dans des ames dont les élans vigoureux eussent été capables des plus grandes choses ? celui-là, enfin, qui ne respecte rien et qui bouleverse toutes les notions d'ordre, de justice et de vrai bonheur ? On a dit que les mœurs sont la première richesse des Etats; n'aurait-on énoncé qu'une vaine maxime ? et serait-il vrai qu'il importe peu pour la prospérité d'un empire, qu'il n'y ait ni foi publique ni aucune espèce de probité parmi les citoyens? Est-il indifférent, pour le bien général et pour le bonheur privé des hommes, que la porte soit ouverte à tous les excès et que toutes les vertus sociales soient avilies ? Croirai-je qu'il faut chercher la vraie gloire et l'image de la prospérité des nations dans l'existence éphémère d'un peuple de Sybarites au corps énervé et à l'ame corrompue, plutôt que chez un peuple de sages et de héros ? croirai-je que j'ai reçu tout ce que j'ai droit d'attendre de la société avec laquelle j'ai contracté, lorsque mon voisin ne pourra, il est vrai, me couper la gorge, mais qu'il pourra impunément séduire mon épouse ou déshonorer ma fille ? Où est d'ailleurs la garantie de la sûreté publique et de la force des lois, quand on a appris à tout mépriser ? où est l'homme politique, quand l'homme moral n'existe plus ? et qu'est-ce donc que le citoyen, si ce ne doit être un homme ?.....

Mais quoi ! faudra-t-il enchaîner la plume et le pinceau, et leur prescrire les sujets de leur choix ? l'imagination et le talent, comme la pensée, ne s'éteindront-ils pas dans les entraves qu'on leur opposera ? Eh ! il s'agit bien de talent et de génie, quand on hasarde la perte irréparable des mœurs et que l'on joue le bonheur des hommes ! Est-ce donc sur le mérite d'un livre, d'une statue ou d'un tableau, que reposent les fondemens des États et le sort des citoyens ?...... Mais non, un frein salutaire n'étouffe pas le génie, qui n'est capable que de grandes choses. Quel est l'artiste animé de ce feu divin, qui dédaignera les objets sublimes de son art et qui chancellera dans sa belle et vaste carrière, parce qu'il sera défendu aux imitateurs de s'abaisser à de viles productions ? Cette défense ne le concerna jamais, son propre génie la lui a faite depuis long-tems ; elle ne s'adresse qu'au talent médiocre ou au délire d'une imagination égarée ; et l'un et l'autre n'ont que trop besoin de régulateur.

La liberté civile de chaque citoyen a pour limite naturelle l'intérêt de chacun des membres de la société ; l'exercice de cette liberté doit s'arrêter là où commence le préjudice de ces membres ou de quelqu'un d'entre eux. Ce terme, que posent le pacte social et les lois, fut-il jamais regardé comme une vexation, comme une entrave attentatoire aux droits naturels du citoyen ? n'en est-il pas au contraire le plus ferme appui et la garantie la plus évidente ? N'est-ce pas pour ma propre sûreté qu'il m'est défendu d'attenter à celle de mon voisin ? et si je pouvais troubler son existence, n'aurait-il pas le même droit à mon égard ? Le premier qui se soulève contre son semblable, ne se soulève-t-il pas contre la société entière, et tous les membres ne trouvent-ils pas en lui un ennemi commun ? La liberté individuelle, qui n'aurait pas de bornes, serait donc une monstruosité ; elle ne peut se concevoir un seul instant, c'est l'image de l'affreux chaos. Cette théorie simple et claire de la liberté de l'homme social, sentie et développée par tous les publicistes, doit s'appliquer avec rigueur à chacune des branches de la liberté civile en exercice. On a souvent comparé la liberté de la presse, à laquelle j'assimile celle des arts, à ces armes dont les hommes peuvent abuser et dont les lois néanmoins ne proscrivent pas l'usage. Les lois ont raison quant au général; mais que dirait-on de ces lois, si, parce qu'elles permettent le port de ces armes, elles ne punissaient pas l'assassin qui s'en serait servi pour égorger son frère? Non, les lois ne doivent pas limiter la carrière des lettres et des arts, mais elles doivent frapper l'ennemi des mœurs qui abuse de son talent pour détruire la morale publique; elles ne doivent pas guider froidement le pinceau de l'artiste, mais le lui arracher des mains quand il le prostitue.

Les arts appartiennent au législateur, il doit les conserver à leur noble destination; il doit veiller à ce qu'une main perfide ne se serve de leurs attraits, comme d'un parfum séduisant, pour couvrir un breuvage empoisonné. Sulzer qui, pour la gloire des beaux-arts et pour arrêter leur dégénération, voudrait que les artistes fissent preuve de génie et de talent, voudrait encore qu'ils fissent preuve de leur jugement et de la droiture de leurs intentions. Je ne trouve rien de mieux vu; c'est ainsi que pour prévenir les funestes effets d'une éloquence insidieuse, les règlemens de Solon ordonnaient que tout homme qui se dévouait au ministère de la parole dans la tribune publique, subirait avant tout un examen sur sa conduite; c'était à la probité, comme on l'a dit, à servir de caution au talent. Pourquoi ne verrions-nous pas revivre parmi nous des lois aussi sages que tant d'abus semblent commander, surtout dans l'exercice des arts et de tout ce qui a sur l'homme un puissant empire? Puissent les législateurs, se proposant enfin le vrai bonheur et le perfectionnement de l'homme social, travailler utilement à la restauration des mœurs et à l'extirpation de toutes les sources empoisonnées qui versent dans la société un venin corrupteur tendant à tout dépraver, et à saper avec force les fondemens des Etats!

Si cessant de considérer la dégénération des arts sous le rapport des mœurs et dans les conséquences funestes qui en dérivent nécessairement, nous ne nous attachons qu'à les envisager sous le rapport du goût, nous sentirons que la politique doit encore, sous ce nouveau point de vue, mettre la plus grande importance à prévenir leur dégradation, puisque la dignité des arts, la beauté, l'élégance de leurs productions peuvent devenir de vrais objets de spéculation. Nous sentirons que les arts, dans leur prospérité, répandent, sur tous les ouvrages susceptibles de proportion, d'élégance et d'agrément dans les formes, ce goût qui les fait rechercher avec empressement; et qu'ainsi les arts étendent alors l'influence la plus salutaire sur une foule de branches importantes de commerce avec l'étranger. Nous sentirons aussi tout le mal que peut faire un seul artiste, qui, à l'aide d'une nouveauté bizarre, s'empare d'une sorte de considération, se constitue l'arbitre et le directeur du goût national, et fait courir après des frivolités. Chez un peuple naturellement avide du nouveau, il sera facile à un tel homme d'usurper une grande influence et de diriger le style universel. Dès-lors le mauvais goût gagne de proche en proche, et toutes les productions des artistes reçoivent l'empreinte rétrécie des idées qui sont en vogue; dès-lors tout dégénère, et il est difficile de calculer jusqu'où peuvent s'étendre les effets d'une fatale nouveauté. Non-seulement tous les arts s'en ressentent, mais en portant le sentiment loin de la nature et des règles fondamentales d'ordre et d'harmonie, elle tend à donner aux hommes des idées fausses dans tous les genres. Or, on a vu plus d'un exemple de ces hommes dont je parle et des révolutions qu'ils opèrent dans le goût général. Alors l'étranger, qui n'a pas suivi la même impulsion, s'aperçoit de cette dégénération ; il cesse de rechercher ce qui fesait autrefois l'objet de ses désirs et qu'il payait chèrement, lors des époques plus heureuses des arts, dont au reste il a su profiter pour les perfectionner chez lui. Et ainsi la prospérité commerciale, fruit d'une industrie bien dirigée, change, avec le goût, de région et de latitude, comme l'été brillant suit sur le globe la marche du soleil, et semble récompenser ou punir les nations de leur respect ou de leur mépris pour les leçons de la nature.

Nous avons vu quels sont les effets de la Peinture sur l'homme privé : suivons ces effets dans leurs conséquences politiques ; et continuons d'examiner quels moyens la législation et les gouvernemens peuvent employer pour régulariser à leur gré et selon leur vue l'influence des arts d'imitation.

La culture et le perfectionnement des arts

supposent un peuple formé dès long-tems, qui a conséquemment des mœurs, des habitudes propres, un caractère national. Les productions des arts, comme tout le reste, tirent d'abord leur caractère de celui de la nation; devenues ensuite comme des miroirs qui répètent tous les détails des goûts, des habitudes, des opinions, elles renforcent tout cela et fortifient ainsi le caractère national à qui elles doivent leur existence : c'est un effet qui reflue sur sa cause et la corrobore, en lui rendant ce qu'il en a reçu.

Lorsqu'un peuple se corrompt, la dépravation s'introduit dans les arts, et, à l'aide de leur influence, elle s'accroît avec une rapidité funeste et fait les plus affreux ravages. D'autres fois une classe d'artistes plus corrompus que la masse du peuple, introduit des écarts inconnus jusque-là, et met ainsi dans son dérèglement les arts en contradiction avec les mœurs publiques. Cette opposition dure peu, et la contagion ne tarde pas de se répandre et de se mettre, pour ainsi dire, en équilibre. L'ennemi de la société est distinct de la société même, et l'artiste est bien plus coupable que celui qui est emporté par ce torrent invincible qui, chez une nation dégénérée, entraîne tout à une dépravation commune. Quoi qu'il en soit, les effets sont les mêmes dans les deux cas, et le législateur doit marcher, par un double chemin, au-devant du mal, soit en établissant d'une part des institutions politiques propres à corriger insensiblement et par des effets inévitables, les mœurs et le caractère des peuples, ou à les maintenir, s'ils y sont encore, dans la sphère du bien; soit en s'emparant d'un autre côté des arts eux-mêmes, comme d'un levier puissant capable d'aider vigoureusement l'impulsion donnée aux mœurs publiques, ou en réprimant sévèrement leurs premiers excès. On sait que les Ephores de Lacédémone confisquèrent la lyre de Therpandre à laquelle ce musicien avait ajouté une corde; ainsi en agissaient les Thébains, qui condamnaient à l'amende les sculpteurs et les peintres qui blessaient la décence dans leurs ouvrages.

Au reste, si l'on veut faire des arts l'un des régulateurs des mœurs, il faut songer à leur assurer une influence permanente, qui soit la même chez les générations qui se succèdent; il faut prendre garde que leurs productions n'aillent parler à la postérité un langage opposé à celui que vous leur donnez aujourd'hui. Voilà le but important qu'il faut se proposer et qu'il est difficile d'atteindre. Ici se présentent de grandes considérations. Les arts reçoivent le dépôt des goûts de la génération qui passe : le goût des peuples change et les ouvrages des arts restent. C'est en vain que vous penseriez donner à la Peinture cette influence salutaire que vous cherchez, je ne dis pas sur la postérité, mais sur nos contemporains mêmes aux diverses époques de leur vie, si nous n'acquérons enfin de la consistance dans nos goûts, si nous ne fixons, une fois pour toutes, nos idées sur les vraies convenances dont la nature seule peut nous suggérer la conception et l'emploi. Apprenons à sentir comme le veut la raison, et commandons à nos neveux de sentir comme nous, c'est-à-dire, mettons-les après nous dans le chemin de la nature. Si nous trouvons une fois un ordre de choses qu'approuve la raison, ayons le courage de nous y arrêter, et que tout ce qui nous entoure, que tous les ouvrages de nos mains, reçoivent dans leurs formes l'empreinte durable d'un goût solide et d'un choix sensé. Sans cette heureuse révolution dans nos jugemens, nous apprêterons à rire à nos descendans, et nous ne paraîtrons en effet que ridicules à leurs yeux. Législateurs des peuples, pesez cette réflexion ; elle est plus importante qu'on ne pense.

Nous marchons depuis long-tems dans une route qui nous écarte de la *nature* ; il ne nous est plus possible de calculer la quantité de cet écart, et plus nous avançons, plus nous nous éloignons du chemin que nous avons abandonné. Nous finissons par donner dans tous les travers et dans tous les excès du ridicule, et lorsque nous sommes arrivés au comble de la démence, nous croyons avoir atteint le dernier degré du bon goût. Le vrai beau est toujours le même, il est inaltérable ; et nous méprisons, nous foulons aux pieds aujourd'hui ce que nous recherchions hier avec ardeur. Nous proscrivons ensuite nous-mêmes les objets de notre choix, et nous faisons justice des ridicules objets de notre enthousiasme éphémère ; mais, ce qui est étrange, c'est que cette réforme n'amène que des nouveautés plus ridicules encore et auxquelles nous réservons le même sort. Comment ce qui fut bien, il y a huit jours, peut-il être si mauvais aujourd'hui ? où sont les fondemens de deux jugemens si opposés sur le même objet ? cet objet n'est-il donc pas resté le même, ou les organes de nos sensations se sont-ils altérés? Pourquoi l'habit qui vous convenait hier, vous sied-il mal aujourd'hui? vous avez donc mal choisi hier, ou vous avez tort aujourd'hui de condamner votre choix. Mais il y a plus : vous êtes convaincu que dans huit jours votre habit sera ridicule, et vous l'endossez aujourd'hui comme une preuve de votre goût! quelle étrange inconséquence!

Mais les effets de tout ceci sont loin de n'être que ridicules. Placé à côté des vains objets du goût journalier, le beau se trouvera à son tour victime de la même inconstance, et la nature elle-même ne deviendra-t-elle pas fatigante par sa beauté constante et invariable? L'ame accoutumée au changement fréquent de sensations, en cherchera sans cesse de nouvelles, et ne pourra plus supporter qu'un instant l'ordre actuel des choses. Bientôt elle voudra que tout change à son caprice; ainsi, ne pouvant réformer un grand nombre d'objets, nous nous dédommagerons sur ceux qui seront en notre pouvoir. Alors des changemens multipliés s'introduiront dans tout ce qui tient à l'ordre social, et l'empire de la mode s'étendra sur tout. Des arts de luxe, elle passera dans les arts utiles, dans les sciences même ; elle s'étendra sur l'opinion, sur les mœurs ; ah ! c'est par-là surtout qu'elle versera les plus grands maux dans la société. L'inconstance et la légèreté deviendront le caractère national ; on voudra sans cesse des habits nouveaux, des spectacles nouveaux ; on s'ennuiera des plaisirs même, et l'on courra après de nouvelles jouissances. Il faudra d'autres lois, un autre gouvernement. On dédaignera tout ce qui annoncera quelque permanence. Il n'y aura plus parmi les hommes d'attachemens solides ; l'amitié ne durera qu'un jour, les liens les plus sacrés ne seront plus que le jeu d'un instant ; le cœur, éteint par les changemens, n'éprouvera plus de sentimens, et les sens conserveront seuls leur empire. Le goût, blasé et incapable d'un tact raisonné, ne sera plus ébranlé que par la nouveauté, et encore, au milieu de cette variété éternelle qui finit par tout confondre, il n'y aura plus que le bizarre qui frappera. C'est ainsi que l'odorat, sans cesse affecté par une trop grande variété d'odeurs, ne peut plus l'être à la fin que par les exhalaisons les plus actives ; il ne s'agit plus de l'émouvoir, il faut l'irriter. De légers changemens seraient trop insuffisans, ils satisferaient trop faiblement le désir insatiable du nouveau, devenu la passion générale et le besoin de tous les instans. On passera donc rapidement et brusquement d'un extrême à l'autre, et d'après le goût présent on pourra toujours juger avec certitude de celui qui aura précédé.

Nous avons dit que cette inconstance, en étendant ses effets sur les mœurs, produit alors des conséquences funestes. Quel coup ne porte-t-elle pas à toutes les vertus morales? L'innocence sera persiflée avec la simplicité qui l'accompagne; la mémoire de nos aïeux sera toujours suivie de l'idée du ridicule que nous trouverons dans tout ce qu'ils auront fait, dans tous les objets qui les ont entourés; le fils haussera les épaules devant l'image respectable de son grand-père, et la forme d'un vêtement éteindra dans son cœur la piété filiale, la première de toutes les vertus.

Telles sont les suites nombreuses et inévitables d'une versatilité qui ne paraît d'abord qu'un simple caprice sans conséquence, mais qui finit par tout détruire. Exemple frappant et funeste de grands effets produits par de légers accidens!.....

Au

Au milieu de ce bouleversement d'idées, de cette dépravation universelle du goût, que deviendront les beaux-arts? L'artiste ne sera-t-il pas entraîné dans le torrent par une impulsion irrésistible? Il imprimera à ses œuvres la trace fugitive du goût de ses contemporains, et ira présenter à nos descendans l'image de nos travers. C'est en vain que vous lui supposerez du génie et que vous mettrez sous ses yeux les chefs-d'œuvre de l'antiquité: l'institution naturelle de l'homme est plus forte que le génie; l'influence journalière et constante des objets extérieurs exerce des effets inévitables; elle imprègne l'imagination d'une rouille que rien ne peut effacer. D'ailleurs l'artiste historien doit être exact dans toutes les parties de son récit; il doit observer la fidélité du costume dans tous les détails de l'exécution. Ainsi, par-là, tout ce qu'il transmettra sur la toile des actes de vertu ou d'héroïsme de la génération à laquelle il appartient, ne paraîtra que de ridicules caricatures aux yeux de la postérité; et non-seulement ces exemples seront perdus pour elle, mais ils deviendront funestes à la vertu même.

Si l'image de la bonne simplicité de ses

ancêtres vient à frapper les yeux d'une jeunesse dépravée, cette simplicité n'a-t-elle pas à essuyer les sarcasmes les plus outrageans ? C'est ainsi qu'une légèreté qui corrompt le goût, finit par corrompre le cœur ; la dépravation des mœurs amène le mépris des antiques vertus ; il n'y a plus rien qu'elle respecte. Les bas-reliefs d'argile des anciens temples de Rome furent tournés en ridicule, lorsque les victoires de Scipion eurent introduit parmi les Romains le goût des richesses et du luxe de l'Asie. Ces modestes colonnes que l'on y élevait dans les premiers tems, au lieu de statues, à la gloire des héros, auraient-elles pu soutenir les regards d'un peuple corrompu ? Au lieu de rappeler aux Romains le souvenir des grandes actions et d'élever leur ame, elles n'eussent excité chez eux que le rire de la pitié, et leur eussent appris à mépriser l'héroïsme même.

Je n'examinerai pas l'influence des modes sur la prospérité du commerce, ni les richesses que l'on dit être le fruit de l'espèce d'activité et de consommation qu'elles entraînent. J'ai indiqué leurs effets sur les arts et les principales conséquences morales qui en résultent, conséquences funestes dont on ne peut mesurer toute l'étendue. Je laisse à d'autres le soin de mettre dans la balance ces conséquences avec les avantages que l'on trouve dans la versatilité de nos goûts ; cet examen n'est pas de mon sujet. Les modes, dit-on, soutiennent le luxe, et le luxe fait la prospérité des Etats. Fort bien ; je connais de reste les maximes qu'on a coutume de débiter gravement sur cette matière, et je sais combien l'on a pris de peine pour justifier les nations modernes du luxe étonnant qui se développe tous les jours chez elles dans une progression effrayante. Eh ! que n'a-t-on pas dit, puisqu'on est allé jusqu'à avancer que le luxe peut retarder la chute des empires ? Etrange égarement de la prévention ou de l'esprit de système ! Vains sophismes qui s'élèvent contre l'expérience des siècles, et qui ne feront jamais oublier que toutes les républiques de l'antiquité, que tous les grands Etats, ne sont tombés que par le luxe ! On a vu des nations vigoureuses, semblables à un mur d'airain, repousser les efforts de vingt peuples réunis ; on les eût vues, avec des mœurs et du courage, défier l'univers entier ; et elles ont succombé sous le poids de la mollesse, faible cause en apparence qui frappe sans bruit, mais avec succès; ennemi perfide qui couvre sa victime de fleurs, et lui enfonce le poignard dans le sein, en l'enivrant de parfums! Un grand Etat sans mœurs n'est plus que le cadavre d'un colosse qui ne tombe que plus promptement et qu'un souffle peut renverser : je crois voir une plante majestueuse et robuste qui a résisté aux efforts des aquilons, et que la piqûre d'un insecte fait périr.

« A mesure que le luxe, dit Montesquieu, » s'établit dans une république, l'esprit se » tourne vers l'intérêt particulier; à des gens » à qui il ne faut rien que le nécessaire, il ne » reste rien à désirer que la gloire de la patrie » et la sienne propre. Mais une ame corrom- » pue par le luxe, a bien d'autres desirs : » bientôt elle devient ennemie des lois qui » la gênent. Le luxe, que la garnison de » Rhege commença de connaître, fit qu'elle » en égorgea les habitans (1) ».

On indique le luxe comme une mine féconde d'où doivent sortir les richesses des peuples. Je sais que l'industrie nourrit le

(1) Esprit des lois, *liv.* 7, *chap.* 2.

commerce, et que celui-ci enrichit les Etats ; mais l'industrie ne peut-elle s'exercer que sur des frivolités funestes, et le commerce n'a-t-il d'autre aliment que le luxe? Serait-il vrai que, pour enrichir les nations, il faut les corrompre ? Quelle est cette étrange source de prospérité publique, dont l'effet le plus prompt et le plus certain est de dépraver l'homme social ? Au reste, s'il est un peuple que le luxe puisse enrichir, c'est celui qui est assez sage pour en fournir les matériaux aux étrangers, en les méprisant pour lui-même ; les besoins factices des autres peuples font alors sa richesse, et il conserve encore ses mœurs ; c'est ainsi qu'en ont agi quelques nations célèbres.

Il en est à-peu-près de même dans l'intérieur d'un Etat, entre les diverses classes de citoyens ; et pour que les calculs des spéculateurs fussent fondés, il faudrait que le luxe ne fût pas contagieux ; il faudrait qu'il ne servît qu'à remuer les trésors du riche, pour les répandre dans la classe laborieuse ; que la richesse, seule capable de supporter le fardeau de la mode et de l'ostentation, éprouvât seule le besoin de s'y assujétir. Je conviens que cette théorie serait heureuse ; mais fiez-vous aux théories, lorsqu'il s'agit de les mettre en œuvre parmi les hommes. Qu'on nous dise si le spectacle séducteur d'un luxe brillant s'offrira impunément aux regards de la multitude; si l'envie d'imiter pour soi ce que l'on admire chez les autres, ne s'étendra pas de proche en proche; si la considération publique, accordée exclusivement au faste et à l'appareil, ne fera pas un besoin pressant chez tous d'échapper au mépris, au dédain qui frappent la médiocrité ou la simplicité. Qu'on nous dise, si ne voyant les distinctions que sous les plafonds dorés et dans les vêtemens somptueux, on ne voudra pas, à quel prix que ce soit, acquérir les mêmes titres à l'estime publique. Qu'on nous dise si, lorsque la dévorante soif de l'or, nourrie par d'autres passions non moins actives, est devenue l'aiguillon de tous les instans, si alors on est fort délicat sur les moyens de s'en procurer! Qu'on nous dise si l'impuissance ne viendra pas se mesurer avec la richesse; si l'on ne verra pas bientôt de toute part le masque ruineux et trompeur de l'opulence, cacher les formes hideuses du besoin et du dénuement absolu, et si une telle situation peut promettre d'autre issue que le dernier degré de l'opprobre ou le féroce désespoir! Qu'on nous dise enfin où se trouvera la prospérité publique, sur un sol jonché des victimes déplorables d'un luxe corrupteur et assassin, qui aura éteint parmi les hommes le sentiment et la trace de toute morale et de toute justice, et aura transformé la société en une scène horrible, offrant, sous le même point de vue, la joie fausse et éphémère, le plaisir coupable, le crime atroce, la douleur, les larmes, et tous les périodes de la démence, de la dépravation et de la misère!....

On a dit que le Français vend ses frivolités à ses voisins. J'avoue que si le Français n'avait d'abord caressé toutes les futilités des modes et leur rapide variété, que pour en inspirer le goût aux autres peuples, et tirer ensuite parti des besoins qu'il leur aurait fait naître, en laissant de côté, pour son propre compte, des colifichets dont il aurait la sagesse de savoir se passer, j'avoue que ce trait de politique eût été un coup de maître. Je passe, si l'on veut, sur l'espèce de philosophie qu'il y aurait, au reste, à faire de pareils présens à ses voisins, et à leur tendre de tels piéges; car, avouons-le en passant, un peuple n'est jamais plus grand, ni plus fort, que quand il donne aux autres l'exemple des mœurs et de la simplicité; c'est même vainement qu'il pourrait espérer de conserver long-temps ses mœurs, après avoir corrompu ses voisins; le mal refluerait tôt ou tard sur lui-même. Or, quant à nous, nous sommes même bien éloignés d'avoir en notre faveur l'espèce d'avantages dont nous parlions tout-à-l'heure. C'est d'abord pour nous que nous travaillons, et le luxe de nos grandes villes absorbe presque toutes les productions de nos manufactures et de nos magasins de modes. Nous ressemblons, à cet égard, si l'on veut me permettre une comparaison de cette nature, à un marchand de confitures et de friandises, qui aurait bientôt ruiné sa santé et sa fortune, s'il se nourrissait du fonds de sa boutique.

Et quand nous le voudrions, pourrions-nous jamais établir avec l'étranger un échange continuel et considérable dans ce genre de commerce? La succession des changemens est trop rapide : il n'y a nulle proportion entre la distance et l'intervalle du transport, d'une part, et les variations presque journalières de nos goûts, de l'autre. L'étranger, qui aurait une fois adopté notre versatilité, dédaignerait des objets déjà surannés au moment où ils les recevrait ; nous en voyons l'exemple dans nos villes de province, qui ne veulent plus des modes de la capitale, lorsqu'elles parviennent un peu tard : il faudrait que la communication se fît ici avec la rapidité du télégraphe (1) ; ce qui donnerait l'avantage de trouver journellement, dans la petite ville la plus éloignée, un échantillon du costume national du jour.

Qui ne voit pas que la versatilité des goûts tend à faire dégénérer absolument toutes les productions de nos manufactures ? Comme il suffit de leur donner une consistance éphémère, analogue à l'usage qui leur est réservé, les fabricans ne feront pas la folie de s'attacher à perfectionner l'exécution. Que leur importe le mérite intrinsèque des objets ? on n'a besoin que de leur forme, et le clinquant est tout ce qu'il faut pour plaire aux yeux. On ne s'embarrassera pas mieux du choix des matières premières, et l'inutilité de leur valeur réelle dans l'emploi qu'on en doit faire, ne tardera pas de faire également négliger leur préparation. C'est ainsi que, de proche en

(1) En attendant nous avons nos journaux de modes, dont l'existence seule prouve le besoin que j'indique.

proche, tous les arts finiront par s'abâtardir. Ajoutons une dernière remarque.

Comment le négociant étranger se déterminerait-il à exposer sa fortune aux chances hasardeuses d'une bizarrerie qui peut le ruiner au premier moment? comment les magasins étrangers s'ouvriraient-ils à ce commerce dangereux, si nos négocians de l'intérieur ont eux-mêmes tant à se plaindre de l'inconstance des modes? Cette observation suffirait seule pour prouver que les modes, bien loin de donner une activité réelle au commerce, doivent au contraire, à la longue, l'étouffer entièrement, à mesure que la légèreté des goûts s'étend sur un plus grand nombre d'objets de consommation. Le véritable nerf du commerce, sa plus sûre garantie, seraient cette stabilité de goût, cette uniformité du choix, qui répandraient la confiance, et porteraient le négociant à se pourvoir abondamment d'objets qu'il saurait être toujours de mise. C'est alors surtout que l'étranger accueillerait avec sécurité les productions de notre industrie. Si nous voulons qu'il trouve du prix aux œuvres de nos mains, cessons donc de les décrier nous-mêmes, car il y a là une bizarre inconséquence. Si nous l'invitons à reconnaître le mérite de nos usages en les adoptant, il a du moins le droit d'exiger que nous reconnaissions nous-mêmes ce mérite, et que nous prouvions, par notre constance, que nous le regardons comme réel.

Espérons que nos législateurs sages et éclairés, sachant apprécier la véritable grandeur des nations, et pénétrés surtout de cette importante vérité, que les détails les plus futiles en apparence sont le plus souvent ceux qui méritent d'attirer toute leur attention, espérons, dis-je, qu'ils sauront fixer enfin une légèreté de caractère, qui peut faire tant de mal dans un Etat; qu'ils sauront bannir les instrumens dangereux de toute dépravation sociale et diriger avec succès vers de grands objets d'utilité publique, l'activité et l'industrie d'un peuple que ses talens, ses lumières, son courage et sa philosophie peuvent élever au-dessus de toutes les nations modernes. C'est alors seulement que les idées générales de la nation étant fixées, et qu'ayant enfin acquis un goût solide, aussi invariable que le beau naturel qui en sera l'objet, les arts pourront parvenir chez elle au plus haut point de perfection, et y exercer un empire universel, puissant et toujours assuré.

Mais passons aux circonstances particulières où la politique peut tirer parti des arts d'imitation et spécialement de celui qui nous occupe. L'exemple est, sans contredit, ce qu'il y a de plus puissant pour déterminer les hommes à marcher vers tel ou tel but : l'exemple donne l'amour de la gloire, il fait naître l'émulation, et l'émulation enfante les plus grandes choses. En présentant aux regards des citoyens les grands hommes qui ont servi l'Etat, on peut électriser les ames et produire même un plus grand effet qu'avec le récit de toutes les belles actions de leur vie; quand on ne ferait que renouveler ainsi, dans les cœurs, l'hommage que commande le souvenir de leurs vertus, on aurait beaucoup fait sans doute. Si l'histoire de l'Art chez les anciens n'offre pas des résultats positifs sur ce genre d'influence, c'est que chez eux on ne récompensait dans les peintres ou les statuaires que le génie et le talent. Les artistes qui se consumaient en travaux et en efforts pendant l'écoulement des olympiades, ne songeaient qu'à rivaliser avec succès, dans les concours publics, et les prix étaient décernés aux plus habiles. Les Grecs ont tout fait pour la gloire des arts et presque rien pour en diriger l'influence ; aussi cette influence leur a-t-elle été plus funeste que les ennemis qui ont achevé de les soumettre. Leurs artistes élevèrent quelquefois des monumens à l'héroïsme, mais ces imitations furent perdues pour leurs contemporains. Demandez à l'histoire si le tableau de Panœnus ressuscita les vainqueurs de Marathon, et si c'est au génie d'Appollodore que la Grèce dut les héros de Leuctres et de Mantinée. Je crois qu'il ne suffit pas de récompenser l'artiste comme artiste : que signifierait le prix des jeux pythiens accordé chez nous au peintre qui aurait excellé dans le tableau d'une Diane à la chasse ou d'*une Marchande de fleurs* ? Le tems où Athènes brilla de plus de vertus, de courage et de gloire, fut-il celui où elle accorda, aux dépens de l'Etat, les mêmes honneurs funèbres au peintre d'*Ulysse dans les enfers*, qu'à ses plus grands héros ? Les sociétés de savans, moins obligées de veiller sur les mœurs que ceux qui gouvernent les hommes, décernent-elles leurs couronnes à l'éloquence seule, sans égard à la vérité ? Les encouragemens publics donnés au seul talent font perdre d'ailleurs le fruit de l'imitation, accoutument à l'indifférence du choix, et ne font rechercher, dans les ouvrages de l'Art, que le mérite de l'exécution. Sans doute il faut faire quelque chose pour le perfectionnement des arts ; mais il faut tenir compte de leur vraie destination, et certes c'est beaucoup faire pour leur gloire.

Les gouvernemens peuvent doubler le bénéfice que les arts présentent à l'homme dans leurs productions, et surtout l'utilité qui en peut être le fruit. C'est à eux à mettrè, dans tout son jour, le noble emploi qu'on en peut faire pour augmenter les jouissances pures de l'homme de bien par des imitations dignes de la nature. C'est à eux qu'il appartient de donner aux artistes cette impulsion qui les entraîne dans la carrière du beau et dans le vrai chemin du génie, et à leur commander, par l'attrait puissant de la gloire, l'emploi du talent et des charmes de l'imitation pour embellir la vertu et conduire les hommes vers elle. C'est à eux à faire rencontrer fréquemment, sous les yeux du citoyen, des images qui lui présentent des leçons utiles et lui rappellent ses devoirs. Enfin ils peuvent multiplier tous les effets moraux que nous avons indiqués ailleurs, et y joindre une influence plus directe, par le concours des circonstances qu'ils peuvent réunir.

Je crois que, pour atteindre avec plus de

certitude les divers buts que l'on peut se proposer, il faut que les productions des arts soient offertes aux hommes avec méthode, et que, par exemple, les ouvrages de pur agrément, ou qui ne sont destinés qu'à présenter l'art, le mérite du travail ou le souvenir de l'artiste, ne doivent pas être confondus avec les peintures dont on attend quelque effet moral. Ne placez jamais le nom d'un grand artiste à côté de celui d'un héros; la gloire du premier, aux yeux d'une multitude superficielle, effacerait celle du second: que l'on ignore, s'il se peut, à quel pinceau l'on doit tel ou tel ouvrage. Je ne voudrais pas non plus que les portraits des grands hommes fussent confondus dans les galeries avec une foule d'autres objets, parmi lesquels l'attention partagée serait distraite à chaque instant, mais que leur image se présentât dans les lieux fréquentés par les classes de citoyens qui ont à profiter de l'influence de ces images. Les Grecs peignaient, sur les murs des édifices, l'histoire des dieux et des guerriers célèbres, et les Etrusques, sur les vases qui servaient à leurs usages journaliers. J'aimerais voir les héros sur les places d'armes, dans les écoles militaires, dans les arsenaux et même au milieu des camps; les hommes d'Etat, dans les salles d'assemblées publiques; les savans et les philosophes qui auraient honoré le genre humain par leurs lumières et leurs travaux, dans les bibliothèques, comme on le pratiquait à Alexandrie et à Pergame; les citoyens vertueux, sur les places publiques et jusque dans les vestibules de nos maisons, comme ces bustes dont les anciens Romains ornaient leur *atrium*. Ainsi par-tout l'homme social trouverait des leçons convenables à ses devoirs et des modèles à suivre dans les diverses circonstances de sa vie.

Je crois que ces grands établissemens où l'on réunit les chefs-d'œuvre des maîtres de toutes les nations, ne doivent être consacrés qu'à la gloire des arts; ce doit être là le temple où le génie vient s'alimenter des conceptions du génie, où l'émulation vient s'embraser d'un feu salutaire, où l'imagination vient recevoir les inspirations sublimes que le Dieu des arts y accorde aux enfans qu'il s'est choisis; mais ce n'est pas là que vous devez attendre l'effet des leçons diverses de sagesse et de vertus sociales que vous réservez aux hommes. Les galeries ne sont guère fréquentées que des curieux, et les curieux n'y viennent

nent pas chercher des leçons de morale. Dans cette foule de sujets réunis, combien d'ailleurs y en a-t-il qui nuiraient puissamment à votre but ! Introduisez la multitude dans ces sanctuaires de la Peinture, elle se portera vers tout ce qui flattera ses sens, et tout le reste deviendra muet à ses yeux. Une Vénus attachera bien davantage les regards d'une indiscrète jeunesse, que l'image du héros le plus célèbre. Dites-moi si le tableau qui représentait la victoire de Léosthènes attirait autant de spectateurs au Pyrée, que celui d'*Hélène la courtisane* (1), laquelle ne reçut ce nom qu'à cause de l'extrême affluence de ses admirateurs ?

J'ai parlé tout-à-l'heure de monumens élevés à la mémoire des grands hommes ; il se présente à ce sujet une considération de la plus haute importance. Je sais que l'observation que je veux faire n'est pas nouvelle, mais j'en dois faire ici une application expresse, par la raison que les monumens fournis par les arts à la reconnaissance publique qui les élève, devenant permanens, les abus en sont bien plus dangereux que

(1) Tableau de Zeuxis.

ceux d'un hommage passager. Les peuples, en honorant la mémoire des morts, doivent être extrêmement circonspects sur ces sortes d'honneurs; les prodiguer, serait les avilir: un hommage prostitué cesserait d'exciter l'émulation; il produirait d'autres maux encore. Les faiblesses ou les vices de certains hommes offerts à la vénération publique, feraient suspecter les vertus réelles des autres et détruiraient l'influence que leur image eût produite. Le censeur Scipion fit un grand acte de sagesse, lorsqu'il fit abattre dans Rome toutes les statues qu'une foule de particuliers s'étaient élevées eux-mêmes sans un ordre exprès du sénat.

C'est dans les fêtes solennelles que les arts peuvent paraître dans tout leur éclat; c'est à eux à en faire les frais, et la Peinture peut y fournir, pour sa part, un ample tribut. La politique se servit souvent des fêtes publiques pour distraire le peuple, et lui faire oublier le poids de ses chaînes en les couvrant de quelques fleurs. Dans les Etats libres, elles doivent avoir un autre but, celui de rassembler le peuple en famille, de ranimer parmi les citoyens la concorde et la fraternité, et d'inspirer à toutes les ames l'amour de la patrie. C'est à remplir ces vues avec succès que doivent s'attacher les artistes, c'est là que doit concourir la réunion de leurs talens. J'ai parlé de fêtes solennelles ; je crois que l'appareil des fêtes publiques doit être auguste et présenter ce caractère de grandeur que le peuple doit trouver dans tout ce qui se rapporte à son gouvernement et à ses lois. Eh ! qui ne sait pas qu'il faut maîtriser l'imagination de la multitude, pour lui commander le respect ou exciter son enthousiasme ? C'est par les sens qu'on saisit l'ame et qu'on l'ébranle ensuite à son gré. Je n'entends pas que tout doive être imposant dans nos fêtes : le peuple finirait par se fatiguer, et ce ne serait pas la peine de le rassembler pour l'ennuyer à si grands frais. Que le plaisir ait aussi son tour ; que le développement des tableaux que vous avez offerts à ses yeux ; que les sentimens dont vous l'avez occupé finissent toujours par la joie, vous en obtiendrez le plus grand succès ; ce dénouement lui apprendra à lier les idées de patrie et de vertus sociales au sentiment de son bien-être, son premier besoin ; et vous prévoyez les conséquences de cet heureux rapprochement.

Je connais tout le prix de ces fêtes modestes

et sans éclat, que la simplicité seule embellit, et qui sont une image naturelle de l'innocence de ceux qui en jouissent. J. J. Rousseau aurait voulu faire revivre dans les murs de Genève les fêtes et les jeux de Lacédémone. Je regrette de ne pouvoir former le même vœu pour ma patrie; mais nous ne sommes pas des Spartiates, et, disons-le franchement, ces fêtes contrasteraient trop avec nos mœurs actuelles. Nous sommes trop loin de la nature, pour goûter cette innocente simplicité que réclame si vivement le philosophe genevois; nos goûts altérés, par un luxe universel, ne pourraient la supporter. Prenons garde qu'au milieu du faste qui nous entoure, nos fêtes publiques ne deviennent ridicules par leur modestie, et que nous ne leur enlevions ainsi toute espèce d'intérêt, précisément par le mérite même que nous voudrions leur donner. Ce n'est pas sans danger que ce qui se fait au nom du peuple, se montre au-dessous de ce que fait le particulier. Quand la solennité ne serait pas commandée par la raison, nous devrions encore nous servir du luxe, comme ces médecins adroits qui tirent parti de la gourmandise d'un enfant pour lui rendre la santé.

Les anciens, en chargeant d'or, d'ornemens, de richesses de tout genre, les statues des divinités qui remplissaient leurs temples, et qu'ils offraient aux regards du peuple, ne montrèrent point un si grand défaut de jugement qu'on a pu le croire. J'en dis autant de ces couleurs dont on peignit si souvent les statues, et des dimensions collossales qu'on donnait à celles des dieux. Nous pouvons juger de l'effet que produirait sur le peuple cet appareil de grandeur qui s'emparait des sens, et parlait puissamment à l'imagination. Un auteur rapporte, que sur la fin du règne de Charles VI, les troupes impériales, occupant la ville de Plaisance, passèrent devant une église au-devant de laquelle était une statue gigantesque de S. Christophe, aussi élevée que le portail; les soldats furent tellement frappés à la vue de ce colosse, que le désordre se mit dans leurs rangs (1). Nos amateurs ont pu gémir souvent sur l'emploi des couleurs et de la dorure que les anciens, les Grecs même, ces pères du bon goût, appliquèrent

---

(1) *De sacro et publico apud Ethnicos pictarum tabularum cultu. Innocent. Ansald. August. Taurin. 1768, cap. 6.*

fréquemment sur les plus belles statues; on voulait émouvoir la multitude, on savait par quels moyens on peut y parvenir. Les ouvrages les plus achevés ne sont pas ceux qui l'affectent; une grossière ressemblance avec la nature frappe mieux le regard du vulgaire, qu'une perfection ou une sorte de beautés qu'il ne saurait apercevoir (1). Ceci me mène à une autre observation.

Si la Peinture peut être utilement employée dans nos fêtes, ce n'est pas en présentant des images de vertus républicaines personnifiées, vaines et froides allégories que le peuple ne saisit point, qui ne disent rien à son imagination, et qui ne seraient propres qu'à le ramener peut-être à la longue, à la stupide ido-

---

(1) *Simplex enim statua, quæ nullo colore erat prædita, quid, generatim loquendo, agere in vulgus potuisset? modicum profectò; quippè inexperto artium oculo quidnam nuda statua, nisi cadaver assiccatum, sine oculis, sine vitâ, sine motu, mortuumque tandem simulachrum, nullam habens similitudinem viventis? Itaque statuas illas plurimis obfuscare coloribus oportuit, aurique vel argenti fulgoribus ornari, quo speciem non modò ac majestatem, sed viventis similitudinem, et illius similitudinem gentis, quam agere, rapereque ac terrere debebant, ostentarent.* (*De sacro et publ. apud. Ethn. pict. tab. cultu. Loco citato.*)

lâtrie des anciens. Renonçons à des appareils philosophiques peu faits pour instruire la multitude, et moins encore pour l'égayer.

Il me reste à faire quelques réflexions sur les relations immédiates des arts avec l'état politique des gouvernemens qui les protègent. Les arts peuvent faire la gloire des empires, comme ils peuvent aussi les renverser. C'est aux lois à veiller à ce qu'il ne s'introduise rien dans l'Etat qui entraîne les hommes dans une direction opposée à l'impulsion que tendent à donner aux mœurs publiques les institutions politiques et la législation fondamentale; voilà ce qui fit la force du gouvernement de Lycurgue.

Dans une bonne législation, tout doit être homogène, tout doit tendre au même but. Les divers ressorts, mis en jeu par le législateur, doivent agir de concert et avec harmonie; si quelqu'un d'entre eux contrarie le jeu des autres, la machine est bientôt désorganisée. Les Romains étaient essentiellement un peuple de guerriers; tout aurait dû chez eux concourir à n'y entretenir que les vertus militaires qui fesaient la force de l'Etat. Comme il n'est rien de si opposé et de si nuisible à la mâle discipline qui doit régner parmi des soldats, que le luxe, le luxe devait perdre Rome, et la perdit en effet. Virgile sentait que l'influence des arts peut nuire aux mœurs d'un peuple conquérant, lorsqu'il fait dire à Anchise prédisant les destinées de Rome : « O Romains ! laissez à d'autres le soin d'ani-» mer le marbre et l'airain, de parler avec élé-» gance, de décrire les astres et leurs mouve-» mens dans les cieux ; pour vous, souvenez-» vous que les seuls arts qui vous conviennent, » sont ceux de gouverner les peuples, de leur » imposer des lois, de traiter avec modération » ceux qui reconnaîtront votre puissance, et » de combattre sans relâche ceux qui se sou-» lèveront contre elle (1) ».

Montesquieu ne balance pas de mettre au nombre des causes de la décadence des Romains, la corruption des mœurs, qui, en s'introduisant parmi eux, se trouva en opposition avec les antiques institutions de l'Etat, qui le soutinrent encore, lorsque déjà il était ébranlé jusque dans ses fondemens. Il parle des arts qui n'étaient cultivés que par des esclaves, et des lois établies par Romulus, qui n'avaient permis que deux sortes d'exercices

(1) Enéide, lib. 6, v. 848.

aux gens libres, l'agriculture et la guerre. « Comme l'opulence, dit cet écrivain célèbre, » est dans les mœurs et non dans les richesses, » celles des Romains qui ne laissaient pas » d'avoir des bornes, produisirent un luxe » et des profusions qui n'en eurent point ». Cependant, il observe que, quelle que fût sa corruption, Rome ne succomba pas tout de suite; elle dut son soutien à un reste de valeur que la mollesse n'avait pas encore tout à fait étouffé : « Les vertus guerrières restèrent, » après qu'on eut perdu toutes les autres (1) ».

Si les arts exercent, comme nous l'avons vu, un si grand empire sur les mœurs publiques, combien il importe donc aux législateurs d'en diriger l'influence dans le sens des institutions politiques ! C'est sous ce rapport seul qu'ils doivent être protégés. Je dis protégés, les arts doivent l'être; mais ils sont le patrimoine du génie, c'est au génie seul que doivent être accordés les encouragemens publics; sans quoi l'on n'aurait bientôt que des artistes; bientôt le peintre le plus froid croirait servir aussi utilement l'Etat avec son pin-

---

(1) Consid. sur les causes de la grandeur et de la décadence des Rom. *chap.* 10.

ceau, que le militaire avec son épée; d'ailleurs ce serait entraîner les arts à une prompte dégénération. Il est dangereux d'ouvrir une porte aux honneurs et aux récompenses ; une multitude ignorante et présomptueuse s'y jette en foule et vient rivaliser fièrement avec le talent : la médiocrité inonde le public de ses vaines productions, et la société perd ainsi un grand nombre de bras qui auraient pu lui être utiles ailleurs.

Si l'on a une fois oublié chez un peuple la vraie destination des arts, le gouvernement ne tarde pas de l'oublier lui-même ; les abus et la corruption s'élèvent des diverses classes de citoyens jusqu'aux magistrats, et il n'est plus rien qui puisse arrêter le mal dans ses progrès. D'autres que nous ont retracé les étranges abus que les Athéniens firent des beaux-arts, lorsque la chute de Thèbes ramena parmi eux la paix et les plaisirs, et qu'ils cessèrent d'être occupés au-dehors. On sait qu'ils sacrifièrent tout à la passion du théâtre, jusqu'aux trésors destinés à l'entretien des flottes et des armées; que des histrions étaient gorgés de voluptés, tandis que les généraux manquaient de subsistance ; enfin que la représentation de quelques pièces de théâtre absorba les sommes mises en réserve pour les besoins de l'Etat, et coûta plus à la république que les guerres les plus longues qu'elle avait eues à soutenir contre les ennemis de sa liberté.

On a vu des peuples sacrifier les deniers publics à un luxe immodéré dans les arts, acheter, avec des sommes excessives, des peintures insignifiantes, rassembler à grands frais les productions des artistes étrangers, doubler les besoins de l'Etat, et épuiser le trésor public pour avoir des statues ou des tableaux. Il n'y avait pas beaucoup de sagesse à payer si chèrement des objets qui ne pouvaient devenir, chez de tels peuples, que des instrumens funestes de corruption. Nous savons qu'il n'est rien de si puissant sur les hommes que l'exemple de ceux qui les gouvernent; et si la corruption qui se développe chez le citoyen, s'élève graduellement jusqu'à la magistrature, les faiblesses des gouvernemens exercent une action bien plus prompte et plus sûre sur le particulier. « Quand les talens agréables, dit
» Millot, sont plus considérés que les autres,
» quand ils absorbent les récompenses dues
» aux services, quand on épuise pour eux des
» richesses que réclame la patrie, quand on

» se pique de les apprécier, en regardant tout » le reste avec dédain, alors les mœurs, les » lois, les principes, le gouvernement, tout » menace ruine. Athènes l'éprouva.... Parrhasius se montrait avec insolence une couronne d'or sur la tête, vers le même tems » où Socrate et Phocion burent la ciguë (1) ».

La Grèce fourmillait de statues; le nombre qui en était répandu dans toutes les villes, étonne l'imagination. La vanité usurpa mille fois le prix des vertus, et apprit aux arts à prostituer leurs couronnes. On vit paraître au triomphe du vainqueur d'Ambracie, deux cent quatre-vingt-cinq statues de bronze, et deux cent trente statues de marbre. Après les victoires de Paul Emile, les statues et les tableaux occupèrent deux cent cinquante chariots de transport. Ce n'est là qu'un faible échantillon des ouvrages de l'Art transportés si fréquemment de la Grèce à Rome, et de ceux qui restèrent encore, soit dans les villes de la Grèce même, soit dans celles de l'Asie mineure. Etaient-ce là les images d'autant de héros? On sait qu'Alexandre, à la vue de celles qu'il trouva à Milet, demanda com-

(1) Elém. d'hist. géner. *tom.* 2, *liv.* 5.

ment les Perses avaient pu subjuguer une ville si fertile en grands hommes.

C'est bien moins par amour pour les beaux-arts que par vanité, que les consuls romains ornèrent si souvent leurs triomphes de tous ces chefs d'œuvre de la Grèce. Ils apprirent ainsi, à leurs concitoyens, que les arts pouvaient servir au luxe, après avoir payé leur tribut à l'orgueil. D'abord on voulut avoir des statues pour décorer ses habitations, et bientôt on s'en éleva soi-même sur la place publique. Que devinrent les modestes effigies des anciens guerriers de Rome, à côté des chefs-d'œuvre de l'Art, taillés ailleurs en l'honneur d'hommes vulgaires, et qui venaient étaler les écarts d'un orgueil étranger? Que devinrent ensuite les images des héros grecs eux-mêmes, au milieu de cette multitude de statues érigées au sein de Rome par la déplorable vanité d'une foule de particuliers obscurs, dont on ne connaissait pas même les noms?

Les productions des arts peuvent être quelquefois de vraies richesses pour les villes qui les possèdent, lorsque leur acquisition n'est funeste ni à l'Etat ni aux mœurs. L'affluence des étrangers qu'elles attirent coopère à la prospérité publique par l'activité qu'elle ajoute au commerce, et par la circulation du numéraire que viennent verser journellement de riches voyageurs et des amateurs de tous les pays. C'est un tribut constant que paie la curiosité, une richesse réelle laissée en échange d'un enthousiasme et de quelques souvenirs qui vont augmenter au-dehors la gloire de l'Etat, après avoir contribué au-dedans à sa prospérité physique. Mais nous trouvons dans l'histoire des circonstances où ces productions n'eussent été pour les villes qu'elles ont embellies, que comme ces vains hochets d'un luxe exagéré, que le riche voudrait arracher de sa maison en flammes, et qui l'empêchent d'échapper lui-même à l'incendie. Les chefs-d'œuvre des artistes grecs ont fait long-tems d'Athènes la ville la plus florissante de la Grèce ; mais si Athènes avait eu, du tems de Thémistocle, autant de monumens, de statues, de tableaux qu'elle en posséda sous Périclès, le héros de Salamine aurait-il pu décider aussi facilement les Athéniens à abandonner à la fureur des Perses une ville embellie et somptueusement décorée aux dépens du trésor public, comme il les détermina à quitter ces murs et ces amas de pierre où il n'eut pas de peine à les convaincre que ne pouvait consister la patrie? Ne sont-ce pas les richesses de l'Asie qui s'étaient introduites à Egine, et surtout les chefs-d'œuvre de son école, qui avaient préparé sa chûte, en excitant depuis long-tems la jalousie et la cupidité des Athéniens? Les deux mille statues que possédaient les Volsiniens ne furent-elles pas la cause de leur perte, en décidant les Romains à s'armer contre eux pour les en dépouiller? Mais de telles circonstances ne sont plus à craindre; et l'ami des arts ne peut que féliciter sa patrie, lorsqu'elle s'enrichit de leurs chefs-d'œuvre.

Je voudrais pouvoir resserrer ici les conséquences principales qui découlent nécessairement des observations que j'ai faites dans le cours de cet ouvrage; mais les vérités que j'ai présentées sont nombreuses et pourraient difficilement se rapprocher sous un seul point de vue; elles tiennent à un trop grand nombre de détails, pour ne se réduire qu'à quelques points principaux de théorie philosophique, à quelques maximes isolées de morale ou de politique. Si j'ai suivi mon sujet avec méthode, elles se seront présentées à leur place et se seront tracées d'elles-mêmes dans la mémoire de mes lecteurs ; il seroit inutile de les rappeler.

J'ai écrit, comme j'ai senti, craignant peu de heurter les préjugés, les faux goûts, ou les écarts dangereux d'une licence qui, s'introduisant dans l'ordre social, y détruit tout sentiment de morale et de vertu. Ma conscience me parlait un langage pressant, je l'ai rendu avec franchise ; que n'ai-je pu lui conserver la même force qu'il avait pour moi !

Ce sujet pouvait être traité avec plus d'éloquence, d'érudition, de connaissances philosophiques ; mais il ne pouvait l'être avec plus de zèle. Quelques fleurs mal choisies, je le répète, et le défaut d'ornemens étrangers, pourraient-ils faire mépriser des vérités utiles qui méritent la plus sérieuse attention par leur influence sur le bonheur des hommes, et qui, pour être mal exposées, n'en sont pas moins importantes ? Je sais que la vérité ferait bien d'imiter quelquefois envers la légèreté des hommes, le procédé d'une coquette adroite, à qui une toilette savante

savante ménage des triomphes plus assurés ; mais la vérité connaît rarement autant d'art, il lui en coûte trop de recourir à l'artifice.

Si ce léger essai d'une plume novice décèle la faiblesse de son auteur, on pourra dire du moins : Il consacra ses premiers efforts à la cause des mœurs ; et je me trouverai bien plus flatté de ce témoignage, que de quelques applaudissemens donnés à un vain savoir ou à une éloquence oiseuse.

FIN DE LA DEUXIÈME ET DERNIÈRE PARTIE.

www.ingramcontent.com/pod-product-compliance
Ingram Content Group UK Ltd.
Pitfield, Milton Keynes, MK11 3LW, UK
UKHW031836260826
14628UKWH00001B/419

9 782019 680695